COLLECTION DE TEXTES

POUR SERVIR A L'ÉTUDE ET A L'ENSEIGNEMENT DE L'HISTOIRE

RAOUL GLABER

LES CINQ LIVRES DE SES HISTOIRES

(900-1044)

PUBLIÉS PAR

MAURICE PROU

SCIENTIAE ET PATRIAE

PARIS

ALPHONSE PICARD, ÉDITEUR

Libraire des Archives nationales et de la Société de l'École des Chartes

82, RUE BONAPARTE, 82

—

1886

RAOUL GLABER

MACON, IMPRIMERIE PROTAT FRÈRES

PRÉFACE

I. VIE DE RAOUL GLABER [1].

Raoul, dit *Glaber* [2], c'est-à-dire *le Chauve* [3], naquit en Bourgogne à la fin du xe siècle. Il avait à peine douze ans [4] quand son oncle, un moine, désireux de l'enlever aux vains plaisirs du monde, qu'il recherchait avec une ardeur non commune, le fit entrer au monastère de Saint-Léger-de-Champeaux [5]. Il conserva dans le cloître les goûts du siècle qu'il avait quitté malgré lui. L'irrégularité de sa conduite devint pour les religieux un sujet de scandale. Les remontrances des vieillards ne pouvaient vaincre son humeur indisciplinée [6]. Il ne fallait rien moins qu'une apparition du mauvais esprit pour le ramener un instant à ses devoirs [7]; ses retours à la religion duraient peu. A la fin on l'expulsa. Les quelques notions de littérature qu'il avait lui firent ouvrir les portes d'un autre monastère [8]. Il se réfugia à Moutiers, au diocèse d'Auxerre [9]. La légèreté de son humeur persista. Sa vie se passa à aller de monastère en monastère. Il résida à Saint-Germain d'Auxerre [10]. Les détails

---

1. Voyez : De La Curne Sainte-Palaye, *Mémoire concernant la vie et les ouvrages de Glaber*, dans *Mémoires de l'Acad. des Inscriptions*, t. VIII, p. 549; *Histoire littéraire de la France*, t. VII, p. 399; Waitz, dans *Monumenta Germaniae historica. Scriptores*, t. VII, p. 48; Wattenbach, *Deutschlands Geschicht. Quellen*, p. 322; Monod, *Études sur l'histoire de Hugues Capet*, dans *Revue historique*, t. XXVIII (année 1885), p. 270.
2. C'est le surnom qu'il se donne lui-même en tête de son histoire.
3. Ou *sans poil*.
4. *Hist.*, l. V, c. I, § 3, p. 116.
5. Le monastère de Champeaux était dans le diocèse de Langres. C'est aujourd'hui Saint-Léger, dép. de la Côte-d'Or, arr. de Dijon.
6. *Hist.*, l. V, c. I, § 3, p. 116.
7. *Hist.*, *ibidem*.
8. *Hist.*, *ibidem*.
9. *Hist.*, l. V, c. I, § 5, p. 117. Moutiers, auj. dép. de l'Yonne, arr. d'Auxerre.
10. *Hist.*, l. V. c. I, § 8 p. 119.

si précis qu'il donne dans son Histoire[1] sur le siège de cette
abbaye par le roi Robert en l'an 1002 pourraient faire croire
qu'il y assista. C'est peut-être alors qu'il connut l'abbé de
Cluny, Odilon, venu à Auxerre tout exprès pour calmer la
colère du roi. Quoi qu'il en soit, Raoul Glaber était tenu en assez
haute estime par les religieux de Saint-Germain pour qu'on
lui confiât le soin de restituer les inscriptions des autels et
les épitaphes des tombeaux rongées par le temps[2]. Ce travail,
dont il s'acquitta à la satisfaction de la plupart de ses frères,
ne fut pas sans exciter la jalousie de quelques-uns. Entre
1022 et 1028, nous le trouvons à Bèze[3]. De là, il passa à
Saint-Bénigne de Dijon[4]. Dès lors, sous l'influence du
célèbre abbé Guillaume, il s'adonna tout entier aux travaux
littéraires. L'abbé Guillaume, qui avait sans doute reconnu
dans Raoul un esprit distingué, semble l'avoir admis dans
son intimité; en 1028, il l'emmena en Italie[5]. Quelques
années plus tard (1031), il paya son tribut de reconnaissance
à son bienfaiteur en écrivant sa biographie[6]. Après la mort
du saint abbé, Raoul se réfugia à Cluny[7], où il passa dans
l'étude les dernières années de sa vie. C'est là qu'à l'instiga-
tion de son abbé, Odilon, il termina l'*Histoire* qu'il avait
commencée à Saint-Bénigne sur les conseils de saint Guillaume[8]. Il dédia son œuvre à l'abbé Odilon; elle fut donc
achevée antérieurement à la mort de ce personnage, c'est-à-
dire avant le 1er janvier 1049, et postérieurement à 1046,
car il rapporte à cette dernière année une éclipse de lune
qui eut lieu en 1044[9].

---

1. *Hist.*, l. II, c. VIII, § 15, p. 42.
2. *Hist.*, l. V, c. I, § 8, p. 120.
3. *Hist.*, l. IV, c. VI, § 18, p. 107. Bèze, auj. dép. de la Côte-d'Or, canton de
Mirebeau. Raoul y vit l'évêque d'Orléans Odolric à son retour de la Terre-
Sainte. Odolric devint évêque en 1022. D'autre part, en 1028, Raoul était
déjà au monastère de Saint-Bénigne de Dijon puisque en cette année il
accompagna l'abbé Guillaume en Italie.
4. *Hist.*, l. V, c. I, § 4, p. 116.
5. *Hist.*, l. IV, c. III, § 7, p. 97.
6. Raoul fait mention de cette *Vie* dans son *Hist.*, l. IV, c. IV, § 9, p. 99. Elle
a été publiée dans Mabillon, *Acta Sanctor. ord. S. Benedicti*, saec. VI, I,
p. 320; dans les Bollandistes, *Acta Sanctorum*, janvier, t. I, p. 57; dans
Migne, *Patrol. lat.*, vol. CXLII, col. 697.
7. *Hist.*, l. V, c. I, § 13, p. 125.
8. Voyez le *Prologue*.
9. *Hist.*, l. V, c. I, § 18, p. 128.

II. L'HISTOIRE DE RAOUL GLABER.

Raoul s'est proposé de raconter les évènements survenus dans les quatre parties du monde, au nord, au midi, à l'ouest et à l'est, ou, en d'autres termes, dans le monde romain depuis l'an 900 jusqu'à son époque [1]. Ce n'est donc rien moins qu'une histoire universelle qu'il a voulu faire. Il s'en faut de beaucoup qu'il y ait entièrement réussi. On trouve, il est vrai, dans son histoire le récit d'évènements relatifs aux divers pays de l'Europe, à la France, à l'Allemagne, à l'Italie, à l'Espagne et à l'Angleterre. Il est encore vrai que l'histoire des empereurs forme le centre de son ouvrage. Mais il n'a pas su mettre chaque chose en sa vraie place et lui donner le relief qui convenait. Il mesure l'importance des évènements à la connaissance qu'il en a, de telle sorte que son œuvre ne répond pas à l'idée que nous nous faisons d'une histoire universelle. C'est, comme l'a dit un des maîtres de la critique contemporaine [2], « un mélange confus d'anecdotes prises de toutes mains, de dissertations théologiques, de légendes miraculeuses, de synchronismes incertains ou même faux. »

L'Histoire de Raoul est divisée en cinq livres. Le premier livre s'ouvre par une dissertation subtile où l'auteur s'efforce de montrer le caractère divin du nombre *quatre;* puis, il passe rapidement en revue l'histoire du monde de l'an 900 à l'an mille. C'est donc un résumé de l'histoire des derniers Carolingiens et des premiers empereurs d'Allemagne. Il est intéressant de voir combien de récits légendaires avaient déjà cours sur les évènements du xᵉ siècle [3]. Le second et le troisième livre sont consacrés aux années qui avoisinent l'an 1000, de 987 à 1030 environ. Raoul insiste sur les prodiges qui se multiplièrent aux approches de la millième année de l'Incarnation. Des prodiges aussi nombreux et non moins

---

1. *Hist.*, l. I, c. I, § 4, p. 5.
2. Monod, *Revue historique*, t. XXVIII, p. 270.
3. Voyez par exemple le récit de la trahison de Charles le Simple par Herbert de Vermandois, l. I, c. I, § 5; et au c. V du même livre, le § 19, p. 18, consacré à Hasting.

terribles signalèrent la millième année de la Passion qui
correspond à l'an 1033 de l'Incarnation. Ils forment le sujet
du quatrième livre. Enfin, au cinquième livre, dont il me
semble difficile de dégager une idée maîtresse, l'auteur
rapporte un certain nombre d'évènements survenus entre
1040 et 1044. Tel est le plan général de l'œuvre de Raoul
Glaber, telles sont les grandes lignes qu'on suit avec quelque
difficulté à travers la confusion des anecdotes et la multipli-
cité des digressions. Car Raoul conte beaucoup, et à la façon
des vieillards ou des enfants; une idée en appelle une autre;
l'auteur rapporte les faits au fur et à mesure qu'ils lui
reviennent en mémoire, si bien qu'il perd de vue l'objet
principal de son récit.

Ce défaut de précision tient à la nature même des sources
d'informations auxquelles l'auteur a puisé. La littérature
historique ne lui était pas familière. Il ignore complètement
les annales redigées au xe siècle et pendant la première
moitié du xie siècle dans les divers monastères de la France.
Il n'a lu, ou du moins il ne connaît que deux historiens,
Bède le Vénérable et Paul Diacre [1]. Les hagiographes lui sont
moins étrangers. Les vies de saints sont les seuls documents
écrits auxquels il ait eu recours. Il cite les vies de saint
Brandan [2], de saint Germain [3], et de saint Maur [4], il rapporte
une lettre écrite par l'abbé Maïeul aux moines de Cluny [5];
mais c'est probablement une vie de cet abbé qui la lui a
fournie; et aussi une lettre de saint Guillaume au pape
Jean XIX [6]. Comme lui-même l'avoue, il s'appuie le plus
souvent, pour les évènements anciens, sur la tradition, et pour
les évènements contemporains, sur les rapports oraux et sur
son propre témoignage [7]. « Il est vrai... que ses nombreux
voyages l'ont mis en relation avec un grand nombre
d'hommes de son temps, qu'il a pu beaucoup apprendre de

---

1. Voyez le *Prologue*.
2. *Hist.*, l. II, c. II, § 2, p. 27.
3. *Hist.*, l. II, c. VIII, § 16 p. 43.
4. *Hist.*, l. III, c. V, § 17, p. 66.
5. *Hist.*, l. I, c. IV, § 9, p. 11.
6. *Hist.*, l. IV, c. I, § 3, p. 93.
7. *Hist.*, l. I, c. I, § 4, p. 5.

la bouche de saint Guillaume qui avait voyagé dans tout le
nord de la France et en particulier en Normandie pour y
réformer les monastères, et qu'enfin dans le monastère de
Cluny, le plus important de l'époque et qui jouait un rôle si
considérable dans les affaires ecclésiastiques et politiques de
l'Europe entière, on était admirablement placé pour être
informé de tout ce qui se passait alors dans le monde
chrétien [1]. »

La plupart des écrivains qui ont parlé de Raoul Glaber ont
été moins frappés de ses qualités que de ses défauts; ils se
sont plu à relever ses erreurs chronologiques et géogra-
phiques [2]. Je ne crois pas devoir y insister à nouveau; aussi
bien trouvera-t-on plus loin au bas du texte de l'Histoire de
Raoul des notes qui permettront de vérifier ses assertions, et
où j'ai corrigé, autant que possible, les plus grossières de ses
erreurs. Un des reproches les plus graves que l'on ait adressé
à Raoul est d'avoir donné dans son livre une place trop
grande aux miracles. « Son œuvre, disent les éditeurs du
Recueil des historiens de France, est toute dans le récit de
visions, d'apparitions, de prodiges fabuleux et de semblables
minuties et bagatelles. » On peut répondre que cette croyance
aux miracles les plus invraisemblables était commune à tous
les hommes du xi⁰ siècle; s'ils y attachaient tant d'importance,
c'est que les prodiges étaient à leurs yeux le présage d'un
évènement considérable, et le plus souvent malheureux.
Comment voulait-on qu'ils y restassent indifférents? Un
trouble atmosphérique, l'apparition d'une comète, une éclipse
de soleil sont toujours les indices d'une calamité prochaine.
Un monstre marin apparaît sur les côtes de Normandie, et
aussitôt des guerres éclatent en Angleterre [3]. Une statue du
Christ verse des larmes, et peu après un incendie détruit la
ville d'Orléans [4]. Du moment que Raoul contait un évènement, il devait aussi en rapporter les signes précurseurs. En

---

1. Monod, *Revue historique*, t. XXVIII, p. 271.
2. Voyez surtout la Préface du t. X du *Rec. des histor. de France*,
p. XIII et XIV.
3. *Hist.*, l. II, c. II.
4. *Hist.*, l. II, c. V.

second lieu, les miracles, les apparitions, les visions ren-
ferment souvent une leçon pour ceux qui savent les com-
prendre. C'est encore un des motifs qui font que notre auteur
n'a garde de les omettre. Car, comme beaucoup d'autres
historiens du moyen-âge il veut donner à son œuvre un
caractère moral et religieux, il veut qu'on y trouve des règles
de conduite. « Bien des évènements des temps passés, dit-il
dans son prologue, si on en avait conservé la mémoire,
seraient très profitables aux hommes et les aideraient dans la
vie en leur inspirant la plus grande prudence [1]. » Ainsi
Raoul conte pour instruire. Sa crédulité, comme celle de ses
contemporains, tenait à l'insuffisance de son instruction.
Glaber ne peut être compté parmi les hommes les plus
savants du xıe siècle; ses connaissances toutefois étaient plus
étendues que celles de la plupart des moines de son temps.
Il paraît avoir lu les Saintes-Ecritures; il s'attarde aux
dissertations théologiques [2]; il se plaît à rechercher l'étymo-
logie des mots [3]; il fait des vers [4]; il prétend à expliquer les
phénomènes physiques [5]. Seulement, de toutes ces matières,
théologie, littérature, physique, il n'a que des notions incom-
plétes.

L'Histoire de Raoul ne fournit qu'un petit nombre de
renseignements historiques précis. Ce n'est pas à dire que la
lecture n'en soit pas profitable à ceux qui font du xıe siècle
l'objet de leurs études. Bien au contraire. Car, outre qu'elle
contient le récit d'un certain nombre de faits qu'on cherche-
rait vainement ailleurs, de curieux détails sur l'histoire de
Normandie, sur les luttes soutenues par les comtes d'Anjou
contre les Bretons et contre la maison de Blois, et sur la
conquête de la Bourgogne, cette histoire « est avec les
Miracles de Saint-Benoît la source la plus précieuse que nous
possédions pour la connaissance des mœurs et des idées en
France à la fin du xe et au commencement du xıe siècle [6]. »

1. Voyez le *Prologue*, p. 2.
2. *Hist.*, l. I, c. I; l. III, c. VIII, § 28 à 30, p. 76.
3. *Hist.*, l. I, c. V, § 18, p. 18; l. II, c. V, § 9, p. 36.
4. *Hist.*, l. III, c. IX, § 33, p. 82; l. III, c. IX, § 40, p. 89.
5. *Hist.*, l. II, c. VII, § 13, p. 39; l. III, c. III, § 10, p. 60.
6. Monod, *Revue historique*, t. XXVIII, p. 272.

Le moine bourguignon nous a laissé un tableau animé de la vie morale et intellectuelle de son époque. Nul n'a peint avec plus de vigueur ce grand mouvement religieux des premières années du xie siècle, qui, en même temps qu'il suscitait une recrudescence dans le développement des hérésies, déterminait d'autre part la reconstruction des églises et la réforme des monastères et poussait tant de chrétiens vers le tombeau du Christ.

L'Histoire de Raoul Glaber est bien différente des froides et sèches annales carolingiennes. C'est une œuvre pleine de vie et où se laisse voir la personnalité de l'auteur. Il est seulement regrettable que Raoul ne soit pas assez maître de la langue qu'il emploie. Il s'embarrasse dans les périodes, et il n'atteint à une clarté relative que grâce aux conjonctions et aux adverbes explétifs ; les *scilicet* et les *videlicet* reviennent à tout moment sous sa plume. Malgré cette incorrection de style, on ne peut manquer de prendre plaisir à la lecture de son histoire. On sent que cet humble moine s'intéresse à ce qu'il écrit et qu'il s'efforce de retenir le lecteur. Il a reçu la récompense de son travail, car il est peu d'auteurs du moyen-âge dont le nom soit plus connu.

Dès le moyen-âge, les historiens ont mis son livre à contribution. Hugues de Flavigny [1], Sigebert de Gemblou [2] et surtout l'auteur des *Gesta consulum Andegavorum* [3] lui ont fait des emprunts. Cependant l'Histoire de Raoul ne nous a été conservée que dans deux manuscrits anciens ; encore l'un et l'autre sont-ils mutilés.

III. LES MANUSCRITS.

1. Bibliothèque Nationale. Manuscrit latin 10912 (anc. suppl. latin 1014). xie siècle. Parchemin. 55 feuillets [4]. Hauteur : 244 mill. ; largeur : 185 mill. Reliure en parchemin blanc. Ce manuscrit a appartenu à Antoine Loisel ; on voit encore

---

1. Hugues de Flavigny, *passim.*
2. Dans le *Liber de Scriptoribus ecclesiasticis,* c. L, Sigebert de Gemblou range Glaber parmi les écrivains du viie siècle, après Grégoire de Tours.
3. Voyez aux pages 30, 57, 81, 83, 85, 88,
4. Les feuillets 18 à 23, 30 et 31, 40 à 46 sont en papier et ont été ajoutés au xvie siècle.

des traces de sa signature au verso du fol. 55. Il a fait partie
de la Bibliothèque de Rosny[1] d'où il est passé à la Bibliothèque Nationale. L'écriture qui couvre les feuillets de parchemin remonte au XIe siècle, mais elle est de quatre mains
différentes : l'une qui a écrit les fol. 1 à 17, l'autre les fol.
24 à 29, la troisième les fol. 32 à 39, et la quatrième les fol. 47
à 55. Entre chacune de ces parties un certain nombre de
feuillets du manuscrit primitif ayant disparu, un savant du
XVIe siècle a intercalé des feuilles de papier et comblé les
lacunes du texte à l'aide du manuscrit coté aujourd'hui à
la Bibliothèque Nationale lat. 6190[2]. De plus, une déchirure
au fol. 55 a fait disparaître au recto la fin des premières
lignes, et au verso le commencement des dernières lignes
du chapitre V du livre V.

2. Bibliothèque Nationale. Manuscrit latin 6190 (ancien-
nement *Colbert* 1400, puis *Regius* 8394[3])[3]. Fin du XIIe siècle.
Parchemin 66 feuillets. Hauteur : 270 mill.; largeur :
200 mill. Reliure au chiffre de Louis-Philippe. Ce manuscrit est un recueil factice comprenant des fragments de divers
manuscrits. Les fol. 1 à 52 constituent le manuscrit de Raoul
Glaber. L'œuvre de Raoul ne commence qu'au verso du
fol. 1 ; au recto, se trouve la fin d'une histoire des Gètes :
« Explicit de antiquitate Getharum actibusque eorum. » Les
derniers feuillets du manuscrit manquent; le texte du
XIIe siècle s'arrête avec les mots *tenere totius justitie*, l. V,
c. IV, § 24. Sur les fol. 50 à 52 on a restitué au XVIe siècle la
fin de l'Histoire de Raoul à l'aide du manuscrit précédent qui
appartenait à Loisel, et du manuscrit conservé aujourd'hui au
Vatican et qui était alors en la possession de Nicolas Lefèvre[4].

---

1. Ce ms. a appartenu à Le Pelletier, puis au marquis de Rosanbo, dont
on voit encore l'*ex libris* sur le plat intérieur de la reliure. Il figure dans
le catalogue de vente de la bibliothèque de Rosny (1837) sous le n° 2404.
2. Voyez l'indication de ces lacunes pp. 46, 54, 74, 77, 93, 114.
3. Les feuillets 50 à 52 sont en papier.
4. On lit en effet au bas du fol. 49 v° : « Deest dimidium capitis hujus et
caput integrum cui inscriptum est De extirpatione simoniaca ; quae petita
sunt ex Silvanect[ensi] exempl[ari] Ant. Oselii. » ; et au fol. 52, après les
mots « in melius reformavit », cette autre note : « Hactenus alterum
exemplar Ant. Os. et recentiori (*sic*) Nic. Fab. »

Le manuscrit latin 6190 provient de Poitiers[1]. Il a fait partie de la bibliothèque de De Thou, puis de celle de Colbert, d'où il est passé à la Bibliothèque Royale. Ce manuscrit, de l'avis de Waitz[2] ne serait qu'une copie du précédent. Les deux manuscrits sont à coup sûr proches parents, mais je n'ose pas affirmer que le second soit dérivé directement du premier. En effet les quelques interpolations du ms. lat. 10912 qui semblent d'une écriture plus ancienne que celle du ms. lat. 6190 ne figurent pas dans ce dernier, ce qui serait fort étonnant s'il avait été copié sur le ms. lat. 10912. De plus, un certain nombre de fautes d'orthographe du premier ms. n'existent pas dans le second. L'importance du ms. lat. 6190 réside uniquement dans ce fait qu'il permet de combler les lacunes du précédent.

3. Bibliothèque du Vatican, Fonds de la reine Christine 618. xve siècle. Papier. 144 feuillets. Reliure en parchemin blanc aux armes de Pie IX[3]. Ce manuscrit a appartenu à Nicolas Le Fèvre, qui a mis sa signature aux fol. 1 et 105. L'Histoire de Raoul n'occupe que les fol. 1 à 93 r°. Le texte est complet. Je ne saurais dire si cette copie a été faite sur le ms. lat. 10912 avant qu'il eût été lacéré, ou bien si les passages qui manquaient dans ce manuscrit ont été restitués à l'aide du ms. lat. 6190. Ce qui est certain, c'est que, pour les parties communes aux deux manuscrits de Paris, le copiste du manuscrit du Vatican a suivi la leçon du ms. lat. 10912. Grâce à ce manuscrit, nous pouvons restituer les passages du dernier chapitre du livre V que la lacération du ms. lat. 10912 a fait disparaître.

4. Bibliothèque Nationale. Manuscrit latin 13834. (Ancien

---

1. En effet, nous lisons dans le ms. lat. 10912 au fol. 35 v°, à propos d'additions qui ne figurent pas dans le ms. lat. 6190 : « Non sunt haec in Pictav. ex[emplari] », et au fol. 51 v°, une note analogue relative à une correction du ms. lat. 6190 ; et enfin au fol. 54 v°, en regard des mots *totius justitie*: « Quae sequuntur desunt in Pictav. ex. »; et c'est en effet avec ces mots que s'arrête le ms. lat. 6190.
2. *Monumenta Germaniæ historica*, *Scriptores*, t. VII, p. 50.
3. Je n'ai pas vu ce manuscrit, mais mon ami M. Ernest Langlois, membre de l'Ecole française de Rome, a bien voulu m'envoyer à son sujet des notes très complètes qui m'ont permis d'en faire la description. Je lui adresse mes plus sincères remerciements.

Saint-Germain lat. 1600). Fin du xvi° siècle. Papier. 66
feuillets. Hauteur : 180 mill. ; largeur : 120 mill. Reliure
aux armes de Louis-Philippe. L'œuvre de Raoul occupe les
29 premiers feuillets. Ce manuscrit a fait partie de la bibliothèque du chancelier Séguier, puis de celle du duc de
Coislin, évêque de Metz, qui le légua, avec ses autres livres,
à l'abbaye Saint-Germain-des-Prés en 1732. C'est une copie
du ms. lat. 10912, et où on n'a pas pris soin de combler
les lacunes [1].

IV. LES ÉDITIONS.

La première édition de l'Histoire de Raoul Glaber a été
donnée en 1596 dans le recueil des *Scriptores* de Pierre
Pithou intitulé : *Historiæ Francorum Scriptores..... Veteres
XI ex bibliotheca P. Pithoei v. cl. nunc primum editi.*,
Francfort, 1596 ; l'œuvre de Raoul s'étend de la page 1 à 59.
Le ms. aujourd'hui coté ms. lat. 6190 a servi de base à cette
édition ; mais on a fait également usage du ms. lat. 10912.

Duchesne a donné en 1641 la seconde édition dans ses
Scriptores, t. IV, p. 1 à 58 ; il a collationné le texte avec un
manuscrit qui faisait partie de la bibliothèque de De Thou,
c'est-à-dire le ms. lat. 6190.

On trouvera au tome IV du *Recueil des Historiens de
France*, p. 238 à 240, des fragments du premier livre de
Glaber, donnés d'après l'édition de Duchesne.

Les cinq livres de l'Histoire sont reproduits au tome X du
même *Recueil*, p. 1 à 63, d'après l'édition de Duchesne,
corrigé à l'aide du ms. lat. 6190, sans que les éditeurs se
soient aperçus que ce dernier ms. était celui-là même dont
Duchesne s'était servi.

Waitz a publié dans les *Monumenta Germaniæ historica*,
au tome VII des *Scriptores*, p. 51 à 72, le livre premier tout
entier, et les passages des autres livres qui concernent
l'histoire d'Allemagne. Le texte a été établi d'après les deux
manuscrits de Paris.

---

1. Montfaucon, *Bibliotheca, Bibliothec. manuscriptor.*, t. II, p. 1398,
indique un ms. de Raoul à la bibliothèque de Turin. Waitz l'y a vainement
cherché ; le catalogue de Pasini n'en fait d'ailleurs aucune mention.

L'édition de Duchesne a été reproduite au volume CXLII de la *Patrologie latine* de Migne, col. 611 à 698, avec la préface insérée par Waitz dans les *Monumenta*.

Signalons enfin la traduction donnée en 1824 au tome VI de la *Collection des Mémoires relatifs à l'histoire de France*, publiée sous la direction de Guizot.

J'ai suivi dans la présente édition le texte du ms. lat. 10912 et, à son défaut, celui du ms. lat. 6190. Pour les passages communs aux deux manuscrits, il m'a paru inutile de donner les variantes du ms. lat. 6190 qui sont simplement orthographiques; celles-là seules ont été relevées qui apportaient au texte une modification. Cependant, le ms. lat. 6190 est parfois plus correct que son aîné et m'a permis de corriger de grossiers barbarismes du ms. lat. 10912; j'ai signalé ces corrections dans les notes. Enfin j'ai comblé les lacunes des dernières lignes du livre V à l'aide du ms. *Regina* 618.

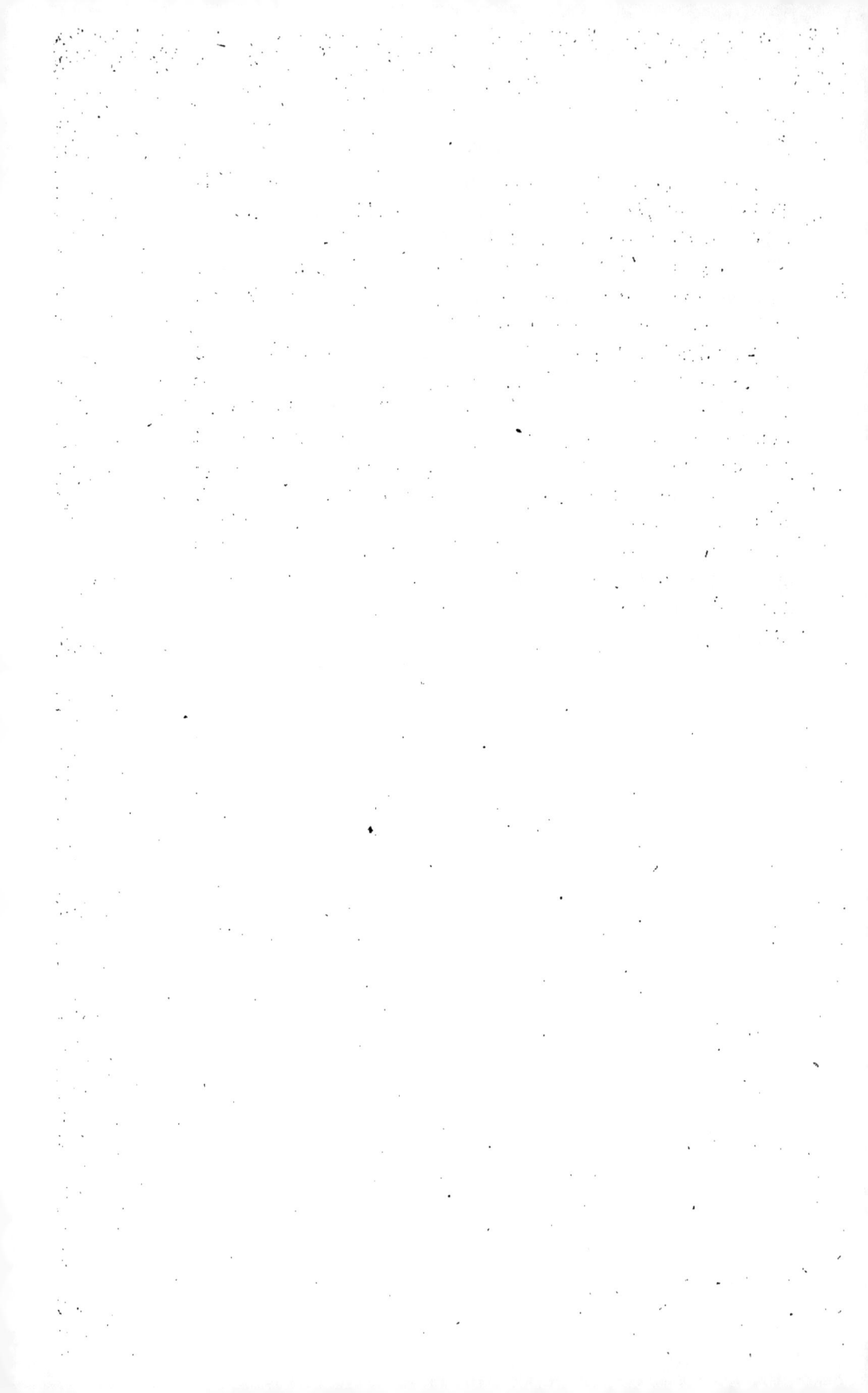

RODULFI GLABRI

HISTORIARUM

LIBRI QUINQUE

AB ANNO INCARNATIONIS DCCCC USQUE AD ANNUM MXLIV

Clarorum virorum illustrissimo Odiloni[1], *Cluniensis*[2]
coenobii patri, *Glaber Rodulfus.*

1. Justissima studiosorum fratrum querimonia interdumque propria sepius permotus cur diebus nostri temporis non quispiam existeret qui futuris post nos multiplicia haec que videntur fieri tam in ecclesiis Dei quam in plebibus minime abdenda qualicumque stili pernotatione mandaret, presertim cum, Salvatore teste, usque in ultimam extremi diei horam, Sancto Spiritu cooperante, ipse facturus sit in mundo nova cum Patre, et quoniam in spatio fere ducentorum annorum nemo ista appetens extitit, id est post Bedam,[3] Britannie presbiterum, seu Italie Paulum[4] qui historialiter quippiam

---

1. Odilon, disciple de Guillaume, abbé de Saint-Bénigne de Dijon, et de l'abbé Maïeul, entra au monastère de Cluny en 991 ; il succéda, comme abbé, à saint Maïeul, en 994. Il mourut au monastère de Souvigny le 1er janvier 1049.
2. Le scribe du ms. lat. 10912 a laissé entre l'*i* et l'*e* de *Cluniensis* un espace blanc pouvant contenir quatre lettres.
3. Bède le Vénérable, mort en 735, a écrit entre autres ouvrages le *Chronicon seu liber de temporibus*, qui s'étend jusqu'en 726, et une histoire ecclésiastique de l'Angleterre, *Historia ecclesiastica gentis Anglorum*, divisée en cinq livres et qui s'arrête à l'année 731.
4. Paul Diacre, historien lombard, mort vers 797, a écrit une histoire de sa patrie, *Historia gentis Langobardorum* (568-744), et une histoire des évêques de Metz, *Liber de episcopis Mettensibus*, jusqu'en l'année 776.

posteris scriptum misisset ; quorum uterque historiam
propriae gentis vel patriae condidit ; dum videlicet constet
tam in orbe Romano quam in transmarinis seu barbaris
provinciis perplura devenisse quę, si memorię commen-
darentur, proficua nimium hominibus forent atque ad
commodandum quibusque cautelę studium potissimum
juvarent ; non secius ergo quę dicuntur, quin solito multiplicius, circa millesimum humanati Christi salvatoris contigerunt annum ; et idcirco, prout valeo, vestrę preceptioni
ac fraternę voluntati obedio ; primitus dumtaxat osten-
surus, quamquam series annorum a mundi origine perno-
tata, secundum Hebreorum istorias a Septuaginta Inter-
pretum translatione discrepet, illud tamen certissime
commendamus quod annus incarnati Verbi millesimus
secundus, ipse sit regni Heinrici [1] Saxonum regis primus,
isdem quoque annus Domini millesimus fuit regni Rotberti
Francorum regis tertius decimus [2]. Isti igitur duo in nostro
citramarino orbe tunc christianissimi atque premaximi
habebantur ; quorum primus videlicet Heinricus Romanum
postmodum sumpsit imperium [3]. Idcirco vero illorum memoriale seriei temporum stabilivimus. Preterea quoniam de
quattuor mundani orbis partium eventibus relaturi sumus,
dignum videtur, ut cordi est, qui utique religiosis loquimur,
ut vim divinę et abstractę quaternitatis, ejusque conformem
convenientiam, Domino preeunte, suscepti operis insera-
mus.

I. DE DIVINA QUATERNITATE.

2. Multiplicibus figuris formisque Deus, conditor universorum, distinguens ea quae fecit ut per ea quę vident
oculi vel intelligit animus sublevaret hominem eruditum ad
simplicem Deitatis intuitum. In his ergo perscrutandis
pernoscendisque primitus claruere patres Grecorum catho-
lici non mediocriter philosophi. Cum enim in plurimis

---

1. Henri II élu roi de Germanie le 6 juin 1002.
2. Robert couronné le 25 décembre 987.
3. Henri fut couronné empereur à Rome le 14 février 1014.

exercitatos haberent sensus, perinde in quarumdam quater-
nitatum speculatione, per quam presens mundus infimus
mundusque futurus datur intelligi supernus. Quaternitates
vero earumque in sese reflexus, dum a nobis dispertiri
immobiliter ceperint, mentes simul atque intellectus se
speculantium alacriores reddent. Quattuor igitur sunt Evangelia, quę constituunt in nostris mentibus supernum
mundum; tot enim constant elementa, quae perficiunt
istum infimum; quattuor quoque virtutes, quae ceterarum
gerunt principatum, nosque per adunationem sui ad ceteras
informant. Pari etiam ratione quattuor sensus existunt,
corporis preter tactum, qui subtilioribus famulatur ceteris.
Quod est igitur aether, igneum elementum in mundo
sensibili, idem est prudentia in intellectuali; sursum namque
sese erigens hanelansque desideranter esse circa Deum.
Illud quoque quod aer in mundo corporali, id ipsum fortitudo in intellectuali, qui cuncta viventia vegetans et in
quemcumque actum promoventia roborat. Simili quippe
modo quod gerit aqua in mundo corporali, iddem temperantia in intellectuali; nutrix quippe est bonorum, efferens-
que copiam virtutum, ac servans fidem per divini amoris
desiderium. Conformem quoque terra gerit speciem mundi
infimi, justitiae speciei in intellectuali, scilicet subsistens
atque immobilis collocatio recte distributionis. Dinoscitur
namque per omnia similis Evangeliorum complexio spiri-
talis. Evangelium itaque Mathei terrae ac justitiae misticam
continet figuram, quoniam Christi hominis ceteris apertius
demonstrat carnis substantiam. Illud autem secundum
Marcum temperantiae et aquae speciem gerit, cum ex
Johannis baptismate penitentiam temperanter indicit. Illud
quoque juxta Lucam aeris et fortitudinis praefert similitudinem, quoniam spaciatim diffusum plurimisque est historiis
roboratum. Illud vero secundum Johannem ignifici ętheris
ac prudentiae, quodque ceteris constat sublimius formam
signanter exprimit, dum simplicem Dei notitiam et fidem
insinuans introducit. Quibus etiam speculativis conexioni-
bus, elementorum scilicet ac virtutum Evangeliorumque,

ille convenienter sociatur videlicet homo, cujus haec universa concessa sunt obsequio. Nam et illius vitae substantiam Greci philosophi michrocosmum, id est parvum mundum, dixerunt. Visus quippe et auditus, qui intellectum et rationem ministrant, superiori conveniunt aetheri, quod constat subtilius in elementis, quodque quantum ceteris sublimius, eo honestius ac lucidius. Subsequitur vero olfactus, qui aeris et fortitudinis significantiam sorte exprimit. Gustus namque satis convenienter aquae et temperantiae parem portendit significantiam. Tactus ergo, qui omnium constat infimus, ceterisque solidius ac stabilius terrae ac justitiae congruentissime prefert indicium.

3. Ab his igitur evidentissimis complexibus rerum patenter et pulcherrime silenterque predicatur Deus ; quoniam dum stabili motu in sese vicissim una portendit alteram, suum principale primordium predicando, a quo processerunt, expetunt ut in illo iterum quiescant. Constat etiam juxta predictę speculationis condictum mente cauta intueri fluvium qui manat ex Eden orientis partiturque in nominatissimos quattuor amnes. Horum igitur primus, id est Phison, qui oris apertio dicitur, prudentiam signat, quę semper est in optimis diffusa et utilis ; per inertiam quippe Paradysus sublatus est homini ; necesse habet ut, preeunte prudentia, repetatur. Secundus Geon, qui terrae hiatus intelligitur, temperantiam signat, nutricem utique castitatis, quae scilicet frondes salubriter extirpat vitiorum. Tertius quoque Tigris, quem incolunt Assyrii qui interpretantur dirigentes ; per hunc nihilominus signatur fortitudo, quę videlicet, rejectis prevaricatoriis vitiis, dirigens homines per Dei auxilium ad ęterni regni gaudia. Quartus vero Eufrates, cujus etiam nomen habundantiam sonat, patenter justitiam designat, quę pascit ac reficit omnem animam illam desideranter amantem. Cum igitur significantia horum fluminum gerat in se species predictarum virtutum, pariter et figuram quattuor Evangeliorum, non minus easdem virtutes figuraliter gerunt tempora mundani hujus sęculi divisa per quadrum. A mundi namque initio

usque ad ultionem diluvii, in his dumtaxat, qui ex simplicis naturae amando suum cognoverunt creatorem, bonitate, prudentia viguit, ut in Abel, Enoch, Noe, vel in ceteris, qui mentis ratione pollentes, utilia quę agerent intellexerunt; ab Abraham vero, et in reliquis patriarchis, qui signis et visionibus fruiti sunt, ut in Isaac, Jacob, Joseph, et in ceteris temperantia conformata probatur, qui scilicet inter adversa et prospera proprium super omnia dilexerunt auctorem; a Moyse quoque et in reliquis prophetis viris videlicet robustissimis legalium preceptorum institutionibus fultis, fortitudo sancitur, dum laboriosa siquidem legis precepta sollicite ab eis exercitata monstrantur; ab adventu denique incarnati Verbi ac deinceps omne seculum justitia implet, regit et circundat, veluti ceterarum finis ac fundamentum, sicut dixit suo Baptistae veritas : « Decet, inquiens, nos implere omnem justitiam »[1].

4. Dicturi igitur ab anno DCCCC^{mo} incarnati creantis ac vivificantis omnia Verbi ad nos usque qui claruere viri in Romano videlicet orbe insignes, catholicę fidei cultores et justitię, prout certa relatione comperimus vel visuri superfuimus, seu etiam qui rerum eventus, quęve perplura contigerunt memoranda tam in sacris ecclesiis quam in utroque populo, primitus, ad illud totius quondam orbis imperium principale scilicet Romanum convertimus stilum. Cum ergo omnipotentis Christi virtus ubique terrarum principes ad suum incurvasset imperium, tanto minus viguit terror Cesarum, quanto jura illorum veratius comprobantur plus extitisse ex timore ferocitatis quam ex amore pię humanitatis. Sic denique paulatim tota illorum stirps a prefato imperio dispertita atque evacuata ut majus indigeret sui dominio urbs Romana, ejusque populus, quam ut olim consueverat promere leges et jura externis patriis ac civibus; ceperuntque plures ex gentibus, quas prius subdiderat, crebris illam infestationibus vexare, illius nomen etiam imperii preripiendo usurpare nonnulli ex

---

1. *Matth.*, III, 15.

circumjectarum provintiarum regibus. Tunc ┌erinde valentiores et premaximi reges gentis Francorum christianitatis
justitia pollebant, armorumque industria ac militari robore
ceteris excellebant. Quorum videlicet ditioni triumphaliter
per plures annos applicatum est totum imperii culmen.
Inter quos etiam excellentissime micuerunt, Karolus
scilicet, qui dictus est magnus, necnon et Ludowicus
cognomento pius. Hi denique prudenti consilio et virtute
quosque in giro belliones ita proprio subjugavere dominio,
ut quasi una domus famularetur suis imperatoribus orbis
Romanus potiusque respublica de paterno gratularetur
provectu, quam tuta pompatice extolleretur imperatorum
metu. Sed quia horum gesta non disposuimus seu genealo-
giam historiali more narrare, ad quem tamen finem
regnandi vel imperandi illorum genus devenerit breviter
curavimus intimare.

5. Perduravere igitur reges ex eorum prosapia vel
imperatores, tam in Italia quam in Galliis, usque ad
ultimum regem Karolum Hebetem[1] cognominatum. Is
denique habebat unum inter regni sui primates quendam
Heribertum[2], cujus ex sacro fonte filium susceperat, qui
tamen ei calliditate sua certissime suspectus esse potuisset,
si non excogitatae fraudis simultas intervenisset. Cum enim
decrevisset isdem Heribertus predictum regem decipere,
fingens cujusdam deliberandi occasionem negotii qualiter
illum, ut postmodum fecit, demulcendo in unum castrorum
suorum introduceret, ac vinculatum carceri manciparet.
Tandem vero a quibusdam suggestum est regi ut cautissime
se ageret ne Heriberti involveretur fraudibus, dumque ille
ex hoc quod audierat credulus cautelam sibi de Heriberto
adhibere decrevisset, contigit una die nimis expedite eundem Heribertum cum suo filio in regis palatium devenire.
Surgens itaque rex osculum ei porrexit, ille vero toto se
humilians corpore osculum regis suscepit; deinde cum ejus

---

1. Charles le Simple.
2. Herbert, comte de Vermandois.

filium osculatus fuisset stansque juvenis, quamvis conscius
fraudis, novus tamen calliditatis, regi minime semet suppli-
caret, pater cernens qui propter adstabat valenter alapam
collo juvenis intulit, seniorem inquiens et regem erecto
corpore osculaturum non debere suscipere quandoque scito.
Quod intuens rex cunctique qui adherant abhinc deceptionis
fraudisque adversus regem Heribertum expertem crédi-
derunt, videns quoque regem contra se placatum nihilominus rogabat adtentius ut ad se veniens negotium
deliberaturus quod dudum poposcerat. Statim vero rex
promisit se quo vellet iturum. Designato igitur die venit
rex ubi Heribertus rogaverat, tenuem etiam ducens exercitum amicitiae gratia. Qui nimium pompose die primo ab
eo susceptus in secundo autem quasi ex jussu regis precepit
isdem Heribertus ut universi qui cum rege venerant ad
propria redirent, veluti ipse cum suis obsequio regis sufficeret. Illi quoque audito Heriberto recesserunt ignorantes
quod regem in vinculis reliquissent [1]. Tenuit enim Heribertus vinctum predictum regem usque in diem mortis suae.
Genuerat preterea isdem rex filium nomine Ludogvicum
adhuc tamen puerum. Qui ut cognovit quod de patre
factum fuerat arripiens fugam Renum [2] transiit ibique
usque ad annos viriles deguit.

II. DE RODULFO REGE.

6. Erat igitur tunc temporis Rodulfus [3], Richardi ducis
Burgundiae filius, aptus videlicet corpore et intellectu
idoneus. Qui etiam uxorem duxerat Emmam nomine, sensu
scilicet atque aspectu insignem, sororem videlicet magni
Hugonis, cujus siquidem militari industria regnum dirige-
batur Francorum. Is quoque Hugo cernens regnum rege
destitutum ac sciens regis instaurationem suo pendere
arbitrio, misit ad sororem consulens illam quem potis-

---

1. Cf. Flodoard, *Annales*, a. 923.
2. C'est en Angleterre que Louis se réfugia.
3. Raoul, fils de Richard le Justicier, duc de Bourgogne, fut couronné roi
à Soissons le 13 juillet 923.

simum ad regale eligeret culmen, se videlicet suum fratrem,
an potius maritum praedictum scilicet Rodulfum. Illa igitur
prudenter, ut fuerat consulta, respondit magis se velle
regis mariti genu osculari quam fratris. Audiens autem
Hugo gratanter annuit regnique solium Rodulfo habere
concessit. Qui Rodulfus carens omni prole solus sui generis
regni culmine potitus obiit. Fuit enim hic Hugo filius
Rotberti, Parisiorum comitis, qui videlicet Rotbertus brevi
in tempore rex constitutus et ab exercitu Saxonum est
interfectus [1], cujus genus idcirco adnotare distulimus, quia
valde inante repperitur obscurum.

III. DE LOTHARIO REGE [2].

7. Interea totius regni primates elegerunt Ludowicum [3],
filium videlicet predicti regis Caroli [4], ungentes eum super
se regem hereditario jure regnaturum. Jam enim praedictus
Heribertus [5] morte crudeli obierat; nam cum diutino excru-
ciatus languore ad vitę exitum propinquaret atque a suis
tam de salutę animę quam de suę domus dispositione interrogaretur, omnino nihil aliud respondebat nisi hoc solummodo verbum : « Duodecim fuimus qui traditionem Caroli
jurando consensimus. » Hocque plurimum repetens expi-
ravit. Preterea Ludowicus ex Gerberga [6], uxore quondam
Gisleberti ducis, genuit filium nomine Lotharium [7]; qui
confirmatus in regno, ut erat agilis corpore et validus
sensuque integer, temptavit redintegrare regnum ut olim
fuerat. Nam partem ipsius regni superiorem, quae etiam
Lotharii regnum cognominatur, Otto rex Saxonum [8], immo

---

1. Cf. Flodoard, *Annales*, a. 923.
2. Lothaire, fils de Louis IV d'Outremer et de Gerberge, roi de France de
954 à 986.
3. Louis IV fut sacré à Laon le 19 juin 936.
4. Charles le Simple.
5. Herbert ne mourut qu'en 943. Cf. Flodoard, *Annales*, a. 943.
6. Gerberge, fille de Henri l'Oiseleur, veuve de Gislebert, duc de Lorraine,
épousa Louis d'Outremer en 939. Cf. Flodoard, *Annales*, a. 939.
7. Lothaire naquit en 941. Cf. Flodoard, *Annales*, a. 941.
8. Otton I, élu roi de Germanie en juillet 936, couronné empereur le
2 février 962, mort en 973.

imperator Romanorum, ad suum, id est Saxonum, inclina-
verat regnum. Ipsum denique Ottonem, scilicet secundum [1], filium primi ac maximi videlicet Ottonis, conatus
est quondam capere positum in palatio Aquisgranis. Sed
quoniam eidem Ottoni clam prenuntiatum a quibusdam
est, noctuque cum uxore vix fuge presidium petens obtinuit [2]. Tunc denique Otto, congregato exercitu sexaginta
milia et eo amplius militum, Franciam ingressus venit
usque Parisius, ibique triduo commoratus, cepit redire in
Saxoniam; rursus quoque Lotharius, ex omni Francia atque
Burgundia militari manu in unum coacta, persecutus est
Ottonis exercitum usque in fluvium Mosam [3], multosque
ex ipsis fugientibus in eodem flumine contigit interire.
Dehinc vero uterque cessavit, Lothario minus explente quod
cupiit. Hic denique genuit filium nomine Ludowicum,
quem jam adultum juvenem, ut post se regnaret, regem
constituit [4]; cui etiam adduxit ab Aquitaniis partibus
uxorem [5]. Quae cernens videlicet juvenem patre minus fore
industrium, ut erat ingenio callida, elegit agere divortium,
monuitque illum ficte ut simul de qua advenerat redirent
provintiam, scilicet jure hereditario sibi subdituram. Ille
quoque, non intelligens mulieris astutiam, ut monitus
fuerat ire paravit, ad quam dum venissent, relinquens eum
mulier suis adhesit. Cumque patri nuntiatum fuisset, prose-
quens filium ad se reduxit; qui simul deinceps degentes
post aliquot annos absque ulla liberorum ope uterque
obiit [6]. In his igitur duobus regale seu imperiale illorum
genus regnandi finem accepit.

---

1. Otton II, couronné roi de Lorraine à Aix-la-Chapelle le 26 mai 961, roi
d'Italie à la fin de 962, couronné empereur le 22 décembre 967, succéda à son
père en 973, mort le 7 décembre 983.
2. Cette guerre entre Otton et Lothaire se place à l'année 978. Cf. *Chronicon
Saxonicon*, dans *Rec. des histor. de France*, t. VIII, p. 230, et Richer, III,
68-77.
3. C'est dans l'Aisne que fut noyée une partie de l'armée d'Otton.
4. Louis V fut associé au trône par son père le 8 juin 978.
5. Cf. Richer, III, 92-94.
6. Louis V mourut le 21 mai 987.

IV. QUI POSTMODUM ROMĘ IMPERATORES EXTITERINT.

8. Prescriptorum igitur regum genere exinanito sumpserunt imperium Romanorum reges Saxonum. Quorum scilicet primus Otto, Henrici [1], Saxonum regis, filius, cujus etiam sororem, nomine Haduidem, duxit uxorem Hugo dux Francorum cognomento magnus. Is denique Otto in gloria et vigore imperii non dispar illorum qui ante se imperium rexerant, necnon et in ecclesiarum atque elemosinę expensis valde liberalis extitit. Hujus quoque imperii tempore egressi audacter Sarraceni ab Affricanis partibus occupavere tutiora Alpium montium loca, ibique aliquandiu morantes vastando regionem in gyro diverso raptu tempus expleverunt.

9. Contigit ergo eodem tempore ut beatus pater Maiolus [2] ab Italia rediens in artissimis Alpium eosdem Ṣarracenos obviaret [3]. Qui arripientes abduxerunt illum cum suis omnibus ad remotiora montis, ipso tamen patre graviter in manu vulnerato, dum in ea excepisset ultro ictum jaculi super unum de suis venientis. Dispertitis quoque inter se omnibus quę illius fuerant, interrogaverunt eum si tantę ei essent in patria facultates rerum quibus videlicet se suosque valeret redimere de manibus illorum. Tunc vir Dei, ut erat totius affabilitatis dignitate precipuus, respondit şe in hoc mundo nil proprium possidere, nec peculiaris rei se fieri possessorem velle, sua tamen ditione non negans plures teneri qui amplorum fundorum et pecuniarum domini haberentur. Quibus auditis ipsimet hortabantur illum ut unum e suis mitteret, qui suę suorumque redemptionis pretium illis deferret. Insuper pecunię pondus atque numerum ei determinantes indixerunt. Fuit enim mille

---

1. Henri I, dit l'Oiseleur, mort en 936.
2. Maïeul entra au monastère de Cluny en 942; en 948, l'abbé Aimard le choisit pour coadjuteur; en 961 il devint abbé, et il mourut au monastère de Souvigny le 11 mai 994.
3. Cf. *Vita S. Maioli, auctore Nagoldo*, c. III, dans les Bollandistes, *Acta Sanctorum*, mai, t. II, p. 663; et une autre vie du même saint, *Vita alia auctoribus Syro et Aldebaldo, Ibid.*, p. 678.

librarum argenti ut videlicet singulis libra una in partem
proveniret. Misit quoque vir sanctus per unum de suis ad
monasterium scilicet cui precrat Cluniacense per parvam
epistolam ita se habentem [1] : « Dominis et fratribus Clu-
niensibus frater Maiolus miser et captus. Torrentes Belial
circumdederunt me ; praeoccupaverunt me laquei mortis.
Nunc vero, si placet, pro me et his qui mecum capti
tenentur redemptionem mittite. » Quae ut delata est videlicet predicti monasterii fratribus, extitit illis pro vita
incomparabilis meror ac luctus necnon et totius patrię
pertristis nuntius. Distractis quoque ab eisdem fratribus
quęque in omni ejusdem monasterii ornamentorum erant
supellectili, prestitutum pii patris quamtotius coadunavere
pretium. Sed vir sanctus, dum interim a Sarracenis captus
teneretur, cujus meriti esset latere non potuit ; nam cum ei
hora prandii obtulissent cibos quibus vescebantur, carnes
videlicet panemque admodum asperum et dicerent :
« Comede », respondit : « Ego enim, si esuriero, Domini
est me pascere ; ex his tamen non comedam quia non mihi
olim in usu fuerunt. » Cernens vero unus illorum viri Dei
reverentiam, pietate ductus, exuens brachia simulque
abluens et clipeum, super quem, etiam in conspectu
venerabilis Maioli, satis mundissime panem confecit. Quem
etiam citissime decoquens ei reverentissime detulit ; ipse
quoque suscipiens illum, atque ex more oratione premissa
ex eodem reficiens, Deo gratias egit. Alius quoque Sarracenorum eorundem cultro deplanans ligni astulam posuit
incunctanter pedem super viri Dei codicem, bibliotecam
videlicet [2], quam ex more secum semper ferre consueverat ;
dumque vir sanctus intuens ingemuisset, aliqui minus
feroces ex ipsis perspicientes suum increpuerunt compa-
rem, dicentes non debere magnos prophetas sic pro nichilo
duci, ut illorum dicta pedi substerneret. Siquidem Sarraceni Hebreorum, quin potius Christianorum, prophetas
legunt, dicentes etiam completum jam esse in quodam

1. Cf. Bollandistes, *Acta Sanctorum*, mai, t. II, p. 680,
2. C'est-à-dire la Bible.

suorum quem illi Mahomed nuncupant, quicquid de universorum Domino Christo sacri vates predixerunt, sed ad
errorem illorum comprobandum etiam ipsorum genealo-
giam penes se habent, ad similitudinem videlicet Evangelii Mathei qui scilicet ab Abraham narrat genealogiae
catalogum usque ad Ihesum per Isaac successionem descen·
dens. In cujus videlicet semine universorum promissa atque
predicta est benedictio. Illorum inquiens Hismahel genuit
Nabaiot ac deinceps usque in erroneum illorum descendens
figmentum quod scilicet tantum est a veritate alienum
quantum a sacra et catholica auctoritate extraneum. Preterea ut beati Maioli sanctitas claresceret, is qui ejus volumen
pede calcaverat eodem die pro quavis occasione, revera
judicio Dei, ceteri furiose irruentes in eum, eundem ei
truncaverunt pedem. Plures vero jam ex ipsis erga eum
ceperunt mitiores ac reverentiores existere. Tandem vero
quidam de fratribus illuc expeditius remeantes, data eisdem
Sarracenis presignata pecunia, patrem cum viris tantum qui
cum eo capti fuerant in patriam reduxerunt. Ipsi denique
Sarraceni paulo post[1] in loco qui Fraxinetus[2] dicitur
circumacti ab exercitu Willelmi[3], Arelatensis ducis,
omnesque in brevi perierunt ut ne unus quidem rediret in
patriam.

10. Ipso igitur in tempore, mortuus est predictus Otto
imperator[4], suscepitque filius ejus secundus videlicet Otto
eundem imperium, quod satis strenue dum adviveret rexit.
Eodem ergo imperante, venerabilis pontifex Adalbertus[5],
ex provintia quę lingua Sclavorum vocatur Bethem_[6], in
civitate Braga, regens ecclesiam sancti martiris Vitisclodi[7],
egressus ad gentem Bruscorum[8] ut eis verbum salutis

---

1. Vers 972.
2. Probablement La Garde-Fresnet, dans le département du Var; le mot
loco, oublié dans le ms. lat. 10912, figure dans le ms. lat. 6190.
3. Guillaume I, comte d'Arles.
4. En 973.
5. C'est en 997, sous Otton III, que saint Adalbert, évêque de Prague,
souffrit le martyre.
6. La Bohême.
7. *Vitisclodi* doit être corrigé en *Viti*.
8. Les Prussiens.

predicaret, dumque apud eosdem plurimam egisset predi-
cationem, multique ex eis converterentur ad fidem Christi,
predixit suis quoniam in eadem regione martirii coronam
esset accepturus, ac ne paverent eis pariter indicavit quia
preter eum ibidem nemo ex eis erat perimendus. Contigit
enim ut die quadam, precipiente eodem episcopo, quedam
profana arbor sita juxta fluvium cui etiam superstitiose
immolabat universum vulgus videlicet excisa convelleretur.
Constructoque ac sacrato in eodem loco altare missarum
sollempnia per se episcopus explere paravit. Qui, dum in
ipsis sacramentis peragendis esset constitutus, ictibus
jaculorum ab impiis perfossus, tandemque sacrum sol-
lempne peractum simulque presentis vitę imposuit terminum. Denique discipuli ejus, accepto corpore sui domini,
illud secum ferentes in propriam sunt reversi patrii.
Cujus etiam meritis usque in presens largiuntur hominibus
plurima beneficia.

11. Sequenti quoque post multa nobiliter gesta remque
publicam decenter dispositam tempore, obiit Otto [1], relinquens filium Ottonem, videlicet tertium, adolescentem
tamen fere duodecim annorum [2], qui, ut erat juvenculus,
acer tamen viribus et ingenio suscepit jure paterno regimen
imperii.

12. Contigit igitur imperii illius initio ut sedes apostolica
urbis Rome proprio viduaretur pontifice. Ipse vero ilico,
imperiali usus precepto, quendam sui consanguineum [3],
cujusdam ducis filium, illo delegit atque ex more in sede
apostolica sublimari mandavit. Quod utique dum sine mora
peractum fuisset, pergrandis calamitatis occasio extitit.
Erat enim quidam Crescentius, Romanorum civis prępo-
tens, qui, ut illorum mos est, quantum onerosior pecunię
tantum pronior serviens avaritię. Hic autem non plane, ut rei

---

1. Le 7 décembre 983.
2. A la mort d'Otton II, son fils Otton III avait à peine trois ans ; car il
était né en 980.
3. Brunon, fils d'Otton, duc de France Rhénane et de Carinthie, cousin
germain d'Otton III, fut sacré pape le 3 mai 996 sous le nom de Grégoire V.

probavit eventus, parti favebat Ottonis. Nam ipsum pontificem quem, ut diximus, ordinari Otto jusserat, isdem
Crescentius omni destitutum honore a sede expulit [1] alte-
rumque procaciter in ejus loco subrogavit. Sed mox ut
Otto hoc factum comperit, ira accensus cum permaximo
exercitu Romam properavit. Quod cum cognovisset Crescentius illum scilicet Urbi propinquare, conscendens cum
suis turrim quę sita est extra civitatem trans Tiberim, ob
altitudinem sui Inter Celos vocatam [2], vallavit eam defen-
surus pro vita [3]. Tandem cum pervenisset imperator ad
Urbem, primitus jussit comprehendere illum male securum
pontificem, videlicet Crescentii arrogantia constitutum;
comprehensumque precepit ejus manus quasi sacrilegas
amputari, deinde vero aures abscidi atque oculos expelli.
Post hęc denique comperiens Crescentium, ut diximus,
turre vallatum quę scilicet paulo post illum crudeli erat
redditura neci, precepit eandem circumdari densa obsidione sui exercitus, ne videlicet Crescentio quoquo modo
locus daretur confugii. Interea, jubente imperatore, cons-
truuntur in giro machinę ex lignis celsarum abietum,
nimium artificiose compositę. Cernens quoque Crescentius
nullam posse evadendi viam reperire, licet tardius, penitudinis adinvenit consilium, non tamen ei prestitit miserendi
aditum. Quadam igitur die, quibusdam de imperatoris
exercitu consentientibus, egrediens latenter Crescentius de
turre, scilicet birro indutus et operto capite, veniensque
inprovisus corruit ad imperatoris pedes, oransque se ab
imperatoris pietate vitae servari. Quem cum respexisset
imperator conversus ad suos, ut erat amaro animo, dixit :
« Cur, inquiens, Romanorum principem, imperatorum
decretorem datoremque legum atque ordinatorem pontificum intrare sivistis magalia Saxonum. Nunc quoque redu-
cite eum ad thronum suę sublimitatis donec ejus honori

---

1. Au printemps de 997, Crescentius créa pape l'évêque de Plaisance, qui
était d'origine grecque et qui prit le nom de Jean.
2. Le château Saint-Ange.
3. Sur la révolte de Crescentius, voyez les divers témoignages réunis par
Wilmans, *Jahrbücher unter Otto III*, II, 2, p. 99 et suivantes.

condignam videlicet preparemus susceptionem. » Qui
suscipientes illum, scilicet ut jussum fuerat, inlesum
reduxerunt ad turris introitum, ingressusque nuntiavit
secum pariter reclusis quoniam solummodo tantum contingeret illis vivere quandiu ipsa turris tueri valeret ab hostium captione, nec ullam prorsus salutem ultra debere
sperare. At imperatoris exercitus a foris urgendo impellens
machinas, paulatimque euntes applicate sunt turri, sicque
pugne inito certamine, dumque alii desuper contendentes
intrare, alii prorupere ad ostium turris illudque conci-
dentes evellunt sursumque certatim gradientes ad turris
superiora pervenerunt. Respiciens quoque Crescentius,
cernit se teneri ab his quos putabat pugnando longius
arceri posse. Capto namque ipso ac graviter vulnerato,
ceterisque qui cum illo inventi fuerant trucidatis, miserunt
ad imperatorem quid de eo preciperet. Qui ait : « Per
superiora, inquit, propugnacula illum deicite aperte ne
dicant Romani suum principem vos furatos fuisse. » Quem,
ut jussum fuerat, proicientes deinde post terga boum
religatum per paludes viarum plurimum devolventes ad
ultimum vero in conspectu civitatis in trabe excelsa pendere
dimiserunt.

13. His denique ita gestis, accersiens imperator Gerber-
tum, videlicet Ravenne archiepiscopum, constituit illum
principalem Romanorum pontificem [1]. Isque Gerbertus e
Galliis oriundus extitit minorum etiam gerens prosapiam
virorum, sed tamen ingenio acerrimus, artiumque liberalium studiis plenissime institutus. Proinde Remorum
etiam, primitus a rege Francorum Hugone fuerat constitutus pontifex [2], sed quoniam, ut diximus, valde erat acer
ac providus, intelligens Arnulfum ejusdem urbis archiepiscopum, quo vivente ordinatus fuerat, ex consensu ejusdem
regis niti in pristinam reformari sedem [3], caute iter arri-

1. Gerbert prit le nom de Silvestre II. Il fut couronné pape le 2 avril 999.
2. En 991. Cf. Richer, IV, 73.
3. Cf. Richer, IV, 107.

piens ad predictum devenit Ottonem. Qui satis honorifice
ab eodem susceptus; quem etiam statim Ravennę [1], inde
vero, ut diximus, Romanę urbis sublimavit pontificem.

14. Contigit igitur ipso in tempore, ut isdem imperator,
subgerente tam ipso pontifice quam aliis quibusque zelum
profectus religionis domus Dei gerentibus, quosque in
Beati Pauli ecclesia nomine tenus monachos, ceterum prave
degentes, inde expellere deberet, ac alterius instituti,
quos videlicet canonicos dicimus, in eodem loco servituros,
ut ei subgestum fuerat, substituturus esset. Cumque hoc
appeteret implere decretum, apparuit ei noctu per visum
beatissimus apostolus Paulus atque eundem imperatorem
hujusmodi monere curavit : « Si vere, inquiens, zelus
divinę servitutis optimi operis te adurit, vide ne hujus
propositi institutum presumas in monachis immutare expel-
lendis. Non enin omnino expedit cujusque ecclesiastici
ordinis, quamvis ex parte depravati, proprium umquam
abici seu immutari propositum. In eo namque unusquisque
judicandus est ordine, in quo se primitus Deo vovit servire.
Reemendari tamen licet corrupto cuique in eadem proprię
vocationis sorte. » Taliter quippe monitus imperator retulit
suis quę audierat ab apostolo, curamque agens qualiter
eorundem institutum, scilicet monachorum, quivisset ad
melius informare, non expellere a loco vel immutare.

15. Interea minus idoneo usus consilio predicti Crescentii [2] in suam uxorem adsumens, quam etiam paulo post,
ut inconsulte acceperat, divortium agens dimisit. Tandem
quoque nitens remeare ad Saxoniam morte superveniente
in Italia obiit [3]. Cerneus quoque exercitus quem secum
duxerat se suo domino destitutum, coegerunt se pariter in
unum agmen ne ab his quos in Italia presserant trucida-
rentur, imposito ante se in equo defuncti imperatoris

---

1. En 997.
2. Au-dessous de *Crescentii* on lit dans le ms. lat. 10912 le mot *Johannis;*
mais il a été exponctué, et cependant transcrit dans le ms. lat. 6190.
3. Otton III mourut à Paterno en Campanie le 23 janvier 1002.

corpore, sicque in patriam tuti pervenientes in monasterio
Beate semper Virginis Mariae Aquisgranis decenter sepelierunt.

16. Suscepit igitur post Ottonem, videlicet tertium,
regnum Saxonum illius consanguineus Heinricus [1], qui
etiam nono regni sui anno imperator creatus est Romanorum [2]. Sed interim libet ex parte commemorare quibus
vicissim cladibus prescriptorum regum temporibus tam
externis quam intestinis consequenter sit flagellatus orbis
Romanus. Constat igitur ab anterioribus illud principale
totius orbis imperium fuisse divisum, scilicet ut quemadmodum universae latinitatis Roma gerere deberet principatum, ita Constantinopolis tam Grecorum speciale caput
in transmarinis Orientis partibus quam ceterorum. Sed
dum semel in sese novit dispertiri, postmodum paulatim
pars utraque usitatius didicit minui, videlicet donec
contingeret [3] illud admodum coartari preliis, ut foret
brevius, et istud appeteret moderari extraneus. Et quoniam
magis contingebat tyrannide imperare, quam vel liberali
pietate, vel originali propagine, idcirco par erat talium
contumaciam, cum sibi subditis, crebris infestationum
plagis atterere.

V. DE PAGANORUM PLAGIS [4].

17. Denique circa nongentesimum Verbi incarnati annum, egressus ab Hispania rex Sarracenorum Algalif,
veniensque cum exercitu maximo in Italiam, scilicet tradi-
turus humanas res cum suis in predam tum gladio atque
incendio demoliendas. Qui dum venisset, depopulans totam
regionem, usque Beneventum progressus est. Ex aliquibus

---

1. Henri II, dit le Saint, duc de Bavière, élu roi de Germanie le
6 juin 1002.
2. C'est le 14 février 1014 qu'Henri II fut couronné empereur à Rome par
Benoît VIII.
3. Le ms. lat. 10912 porte *contigeret*. Corrigez *contingeret* d'après le ms. lat.
6190.
4. Ce chapitre renferme de nombreux anachronismes.

tamen civitatibus Italiae primates, collecto agmine, nisi
sunt adversus predictum Algalif inire pugnam ; sed cum se
cernerent exercitu nimium impares, ut sępius mos est istis
modernis Italicis, fugę potius quam bellum petiere presidium. Interea reversi cum suo principe ad Affricam Sarraceni ab illo tempore non destiterunt impugnare regionem
Italię, quamvis plurimis fuissent preliis lacessiti tam ab
imperatoribus quam a patrię ducibus ac marchionibus,
usque ad Almuzor [1] illorum principem et predictum Henricum Romanorum imperatorem.

18. Prescripto igitur tempore non minor clades in
Galliarum populis Normannorum infestatione extitit hostium. Qui videlicet Normanni nomen inde sumpsere
quoniam raptus amore primitus egressi ex aquilonaribus
partibus audacter occidentalem petiere plagam. Siquidem
lingua illorum propria *Nort* aquilo dicitur, *Mint* quoque
populus appellatur ; inde vero Normanni quasi Aquilonaris
populus denominatur. Hi denique in primo egressu diutius
circa mare Occeanum degentes, brevibus contenti stipen-
diis, quousque in gentem coaluere non modicam. Postmodum vero telluris ampla et pelagi hostili manu perva-
gantes aliquas urbes ac provintias in propriam redigere
sortem.

19. In processu quoque temporis ortus est vir quidam in
pago Trecassino ex infimo rusticorum genere, Astingus [2]
nomine, in vico videlicet qui Tranquillus [3] dicitur, tribus
a civitate distans milibus. Qui juvenis valens robore
corporis, perversae tamen indolis, superbiendo abiciens
fortunam pauperum parentum, elegit exul fore, dominandi
victus cupidine ; denique clam egrediens ad predictam
Normannorum gentem, illis tantummodo primitus adhesit,

---

1. Cf. Glaber, l. II, c. IX.
2. Sur Hasting, voyez Dudon de Saint-Quentin, *De gestis Normanniæ
ducum*, l. I, dans Migne, *Patrologie latine*, vol. CXLI, col. 619.
3. Camusat, érudit troyen du XVIIe siècle, a proposé d'identifier *Tranquillus* avec Trancault, village du dép. de l'Aube, arr. de Nogent-sur-Seine,
canton de Marcilly-le-Hayer.

qui, assiduo raptui servientes, victum ceteris ministrabant
quos etiam illi communiter *flottam* vocant; illoque aliquandiu huic nequam mori inserviente, cepit pessimis commili-
tonibus tanto existere diligentior quanto efficiebatur flagi-
tiosior, paulatimque robustior ceteris viribus ac rebus
effectus, omnes pariter sui illum constituere terra marique
principem. Constitutus autem hujusmodi ampliore crudelitate assumpta, parvi pendens preteritorum sevitiam, coepit
suum in longinquas gladium dilatare provintias. Postmodum etiam cum universa pene cui preerat gente conscendens ad superiores Galliarum partes, quamvis pestifer
parens, nativum male querens revisere solum. Qui cum
venisset, gladio et igne ultra omnem hostium cladem
universa demoliens, nemine repugnante, diutius consumpsit. Tunc quoque domus ecclesiarum per Gallias universae,
preter quas municipia civitatum vel castrorum servarunt,
omnimodis dehonestatę atque igne succensae sunt; universis
siquidem peragratis Galliis, opimaque diversarum rerum
potitus spolia, ad propria reduxit exercitum. Sicque
deinceps tam ab ipso Astingo quam ab ejus successoribus,
illius videlicet gentis principibus, in spacio fere centum
annorum hujusmodi clades illata est longe lateque populis
Galliarum.

20. Haec quoque quae retulimus per intervalla defunctorum regum seu imperatorum tam in Italia quam in Galliis,
priusquam restaurarentur, sępius contigerunt. Sed cum
interea predictę gentis exercitus more solito ad Gallias
procedere decrevisset, occurrit illis jam longius a solo
proprio remotis venerabilis Burgundiae dux Richardus,
pater scilicet regis Rodulfi, ut supra commemoravimus,
initoque cum eis prelio, tanta cede eosdem prostravit ut
perpauci ex eis fuga lapsi ad propria vix remearent [1].

21. Et licet post hęc plures insulas ac provintias mari
contiguas idem scilicet Normanni depopulaverint, in

<hr />

[1] En 911. Cf. *Chronicon Sancti Benigni Divionensis*, dans *Rec. des histor. de France*, t. VIII, p. 241.

partes tamen Francorum regum sorte regendas non deinceps nisi ab eisdem regibus evocati conscenderunt. Quin etiam paulo post vicissim scilicet Franci necnon et Burgundionum plerique cum predictis Normannis, catholicae fidei jam effectis cultoribus, pacifice junxere conubia atque unius regis regnum pari consensu decreverunt dici et esse [1]. Indeque orti duces excellentissimi Willelmus [2] videlicet, atque post ipsum quique denominati paterno seu avito jure Richardi [3]. Illorum quippe ducaminis principatum fuit metropolis civitas Rotomagorum. Cum igitur predicti duces ultra ceteros viguerint militię armis, tum perinde pre ceteris gratia communis pacis ac virtute liberalitatis. Nam omnis provintia, quae illorum ditioni subici contingebat, ac si unius consanguinitatis domus vel familia, inviolatę fidei concors degebat. Nempe furi ac predoni apud illos comparabatur quicumque hominum in aliquo negotio plus justo vel falsum quippiam venundandum mentiens subtrahebat alteri. Egenorum quoque et pauperum omniumque peregrinorum tamquam patres filiorum curam gerebant assiduam. Dona etiam amplissima sacris ecclesiis pene in toto orbe mittebant ita ut etiam ab Oriente, scilicet monte denominatissimo Sina, per singulos annos monachi Rotomagum venientes, qui a predictis principibus plurima redeuntes auri et argenti suis deferrent exenia. Hierosolimam vero ad sepulchrum Salvatoris centum auri libras secundus misit Richardus ac quosque cupientes illuc devote peragrare donis juvabat inmensis.

22. Preterea in successibus predictorum temporum, exigentibus culpis peccantium hominum, orta est discordia duorum regum Francorum videlicet ac Saxonum quę scilicet diutius exardescens occulto Dei judicio rursus

---

1. Glaber fait allusion au traité de Saint-Clair-sur-Epte, en 911, et au mariage de Gisèle, fille de Charles le Simple, avec Rollon.
2. Guillaume I, fils de Rollon, duc de 927 à 943.
3. Guillaume I eut pour successeurs Richard I, Richard II et Richard III, ce dernier mort en 1026 ou 1027.

terribile flagellum ingruit populis Galliarum [1]. Denique
Hungrorum princeps cum omni ipsius gentis militari
exercitu, hujus discordiae mali occasione, fines Galliarum
inrumpens [2], semel ac bis omnem miserabiliter depopulans
regionem utrumque etiam genus hominum captans cum
rebus humanis abducens nemine obstante diripuit. Quae
denique clades tandiu desevit quousque, Deo propitiante,
utriusque regni principes Francorum videlicet ac Saxonum
unius fidei ac consanguinitatis vinculo necterentur. Eva-
cuato siquidem priorum regum genere sedatisque jurgiis,
cepit orbis novorum regum pace sub amica reflorescere,
Christique regnum per fontem sacri baptismatis circumquaque tirannos sibi subjugare. Ipsa denique Hungrorum
gens, post tot patrata flagitia, post tot flagella gentibus
illata, cum suo rege ad catholicam fidem conversa, quae
prius consueverat crudeliter rapere aliena, libens inper-
titur pro Christo propria. A quibus etiam jamdudum
diripiendo captivabantur, undecumque in miserrima mancipia distrahendi qui reperiebantur Christiani, ab eisdem
quoque foventur nunc ceu fratres vel liberi.

23. Illud nihilominus nimium condecens ac perho-
nestum videtur atque ad pacis tutelam optimum decretum,
scilicet ut ne quisquam audacter Romani imperii sceptrum
preproperus gestare princeps appetat, seu imperator dici
aut esse valeat, nisi quem papa sedis Romanę morum
probitate delegerit aptum rei publicę, eique commiserit
insigne imperiale; cum videlicet olim ubique terrarum
quilibet tyranni sese procaciter impellentes sepissime sint
imperatores creati, atque eo minus apti rei publice, quo
constat eos tyrannidę [magis] quam pietatis auctoritate
processisse. Anno igitur dominicę incarnationis septingen-
tesimo decimo [3], licet illud insigne imperiale diversis
speciebus prius figuratum fuisset, a venerabili tamen papa

---

1. Waitz pense que Raoul Glaber fait ici allusion aux luttes entre Otton I
et Louis IV d'Outremer.
2. Cf. Flodoard, *Annales*, a. 951, a. 954; *Chronicon Balderici*, dans *Rec.
des histor. de France*, t. VIII, p. 280; *Chronicon Tornacense, Ibid.*, p. 285.
3. Corrigez *millesimo decimo quarto*.

Benedicto [1] sedis apostolicę fieri jussum est admodum
intellectuali specie idem insigne; precepit fabricari quasi
aureum pomum atque circumdari per quadrum pretiosis-
simis quibusque gemmis, ac desuper auream crucem inseri.
Erat autem instar speciei hujus mundanę molis, quę videlicet in quadam rotunditate consistere perhibetur, ut dum
siquidem illud respiceret princeps terreni imperii, foret ei
documentum non aliter debere imperare vel militare in
mundo quam ut dignus haberetur vivificę crucis tueri
vexillo; in ipso etiam diversarum gemmarum decoramine,
videlicet imperii culmen plurimarum virtutum speciebus
exornari oportere. Cumque postmodum predictus papa
imperatori, videlicet Henrico [2], hujus rei gratia Romam
venienti, obviam cum maxima utrorumque sacrorum ordinum multitudine processisset ex more eique hujusmodi
insigne, scilicet imperii, in conspectu totius Romanę
plebis tradidisset, suscipiens illud ilariter, circumspec-
toque eo, ut erat vir sagacissimus, dixit : « Optime pater,
inquiens ad papam, istud facere decrevisti, nostrae porten-
dendo innuens monarchiae, qualiter sese moderari debeat,
cautius perdocuisti. » Deinde manu gerens illud auri pomum
subjunxit : « Nullis, inquit, melius hoc presens donum
possidere ac cernere congruit quam illis qui, pompis mundi
calcatis, crucem expeditius sequuntur Salvatoris. » Qui
protinus misit illud ad Cluniense monasterium Galliarum
quod etiam tunc temporis habebatur religiosissimum ceterorum, cui et alia dona plurima contulerat ornamentorum.

24. Sed et illud nimirum etiam perpendendum quoniam,
cum ista quae retulimus, videlicet de conversionibus
perfidarum ad fidem Christi gentium, altrinsecus in
aquilonaribus atque occidentalibus orbis partibus persepe
fieri contigerit, nusquam talia in orientalibus atque meri-
dianis ejusdem orbis plagis contigit audiri, cujus denique
veracissimus presagii index fuit constitutio illa crucis
dominicę, dum in ea Salvator penderet, in loco Calvariae.

1. Benoît VIII.
2. Henri II, couronné empereur le 14 février 1014.

Nam cum retro illius verticem suspensi tum fuisset crudus nimium populis oriens, tunc etiam in ejus oculorum conspectu lumine fidei repleturus constitit occidens; sic quoque omnipotentem ipsius dexteram, ad misericordiae opus extensam, sacri verbi fide mitis suscepit septentrio, ejusque levam gentibus Barbarorum tumultuosus sortitur meridies. Sed licet hujus sacri breviter meminerimus portenti, nostrae tamen idem catholicae manet inviolabile subsidium fidei, quoniam in omni loco et gente absque exceptione quicumque sacro regeneratus fonte credens Omnipotentem patrem ejusque filium Ihesum Christum pariter et in Spiritum Sanctum unum solum et verum Deum, si quid boni egerit ex fide, Deo acceptum fore atque omnem qui sic permanserit perhenni vita beatae vivere. Hoc quippe soli Deo nosse competit cur humanum genus majus seu minus propriae salutis capax efficitur in diversis partibus orbis, sed idcirco ista retulimus, quoniam usque in fines predictarum orbis binarum partium, videlicet septemtrionalis et occidentalis, Christi Domini deveniens Evangelium optimum in illarum populis locavit sacre fidei fundamentum; cum videlicet e diverso minus reliquas duas, scilicet orientalem atque meridianam, penetraverit ac illarum populos diutius in proprii erroris feritate irretitos siverit.

25. Sed ne boni Conditoris provide dispensationi contumeliosa a quoquam inferatur in hac parte calumnia, cautius nihilominus prospiciendus est sacer Scripturarum canon; in quo videlicet canone omnis procul dubio forma invenitur expressa mundani seculi ut scilicet ipsius auctoris bonitas pariter et justitia probabiliter demonstrentur, videlicet in his qui salvi fiunt et in his qui pereunt. Nam sicut primus hominum pater proprie salutis arbiter, a totius boni auctore primitus fuerat constitutus, ita ab eodem redemptore universis pro captu spontanea generaliter oblata est salus. Sed tamen occulta illius dispensatio, cui semper et simul totum, quicquid esse habet, presto fuit ac cui nil defuit, ostendit spatiatim per incrementa temporum sese omnipo-

tentem, solum bonum atque veracem tam per opera pietatis
quam per ultionem vincdictae justae retributionis. Non enim
principalis bonitas aliquando vacat a pietatis opere, quin
immo semper aggregat plerosque ex massa filiorum Adę
prevaricatoris in sinum filii suae Deitatis. Dumque id cotidie
in mundo agitur, quid aliud quam Omnipotentis bonitas,
etiam inmobiliter mobilis, et mobiliter inmobilis, operari
monstratur? Atque idcirco quanto presentis sęculi terminus
inminet propius, tanto ista fieri quę dicuntur contigerit
frequentius.

26. Suspiciendum etiam quomodo paulatim ab ipso
humani generis exordio ipsius Auctoris sit manifestata
cognitio. Primus igitur hominum Adam, etiam cum omni
suo genere, Deum conditorem suum predicat, dum pro
transgressionis precepti illius culpa privatus Paradisi
gaudiis, multatusque exilio, sese lugendo miserum clamat.
Sed accepto diffusius per universum orbem terrae incremento nisi proprii Auctoris bonitatis providentia misericordię reduxisset ad sinum, totum penitus idem genus
humanum in sui erroris atque cecitatis precipitium jam
olim inrevocabiliter fuisset dimersum. Idcirco ab exordio
sui divina boni Conditoris dispensatione prolata sunt ei
prodigiosa rerum miracula, ac portentuosa elementorum
signa, necnon et sagacissimorum virorum, tam spem quam
formidolositatem inculcatura divinitus oracula. Ac, velut
isdem Conditor per sex dierum intervalla cuncta mundanae
rerum machinae proferendo perficiens opera, hisque editis,
requievit die septima, videlicet ita per sex milia annorum
spatia operatus est pro eruditione hominum, exhibendo
illis frequentia signanter ostenta. Scilicet ut non preteritis
seculis quodquam dimissum est vacans ab his tempus
signis miraculorum aeternum Deum predicantibus, usque
quo illud maximum rerum principium apparens homine
vestitus in mundo, sexta dumtaxat aetate presentis seculi,
atque, ut putatur, quod sit finis in septima hujus mundanę
molis diversorum laborum, ut ab illo procul dubio, unde

cepit quicquid esse habuit exordium, in eodem competentissimum propriae quietis inveniat finem.

Explicit liber primus.

INCIPIUNT CAPITULA LIBRI SECUNDI.

   I. *De electione Hugonis in regem.*
  II. *De coetu maris et occidentalium bellis.*
 III. *De Conano duce Brittonum et Fulcone Andegavorum*
 IV. *De monasterio Lucacense.*
  V. *De portento Aurelianę urbis mirabili.*
 VI. *De prelationibus turpis lucri arreptis.*
 VII. *De incendiis et mortibus nobilium.*
VIII. *De Henrici ducis morte et vastatione Burgundię.*
 IX. *De fame valida et infestatione Sarracenorum.*
  X. *De inundatione lapidum.*
 XI. *De Leutardo insaniente heretico.*
 XII. *De herese in Italia reperta.*

Expliciunt capitula [1].

INCIPIT LIBER SECUNDUS

I. [DE ELECTIONE HUGONIS IN REGEM.]

1. Sicut quispiam igitur peragrans quamlibet vastissimam orbis mundani plagam, seu spaciosum remigando equor penetrans, sepius altitudini montium aut proceritati arborum scilicet respectans dirigit aciem oculorum, ut videlicet, illorum a longe reperta agnitione, absque errore quo disposuerat valeat pervenire; ita quoque erga nos fore contigit, qui utique, dum cupimus preterita ostendere futuris, obtutus nostri sermonis pariter et animi frequenter

---

1. Le ms. lat. 10912 donne *Explicit liber primus*. La leçon du ms. lat. 6190 *Expliciunt capitula* que je donne ici est évidemment meilleure.

in relatione porrigimus magnatorum virorum personis, quibus videlicet fiat ipsa relatio clarior et appareat certior. Igitur finito, ut diximus, tam regnandi quam imperandi apud Italiam et Gallias magnorum regum genere, videlicet Ludovici necnon et Caroli ac sui generis ceterorum regum, protinus in unius consanguinitatis viros utriusque regni contigit devenire monarchiam. Nam qualiter primus ac secundus necnon et tertius Otto sint potiti Romanorum imperio, scilicet usque ad Henrici imperium, supperius nos jam digessisse meminimus. Nunc quoque restat ut quemadmodum abhinc Francorum sit regnum dispositum referamus. Mortuis igitur Lothario ac Ludovico regibus, totius Francię regni dispositio incubuit Hugoni [1], Parisicensis duci, filio videlicet illius magni Hugonis supramemorati, cujus etiam frater erat nobilissimus Burgundie dux Heinricus. Qui simul cum totius regni primatibus convenientes predictum Hugonem in regem ungi fecerunt. Erant ergo, ut jam commemoravimus, affinitate consanguinitatis regibus Saxonum uniti, a primo scilicet Ottone, qui natus est ex Hugonis magni sorore [2]. Suscepto igitur Hugo regimine regni Francorum, non multo post plerosque suorum, quos etiam prius in universis habuerat subditos, persensit contumaces. Tamen, ut erat corpore et mente vividus, cunctos sibi rebellantes paulatim compescuit. Habebat enim filium, admodum prudentem, nomine Rotbertum, artium etiam litterarum studiis plurimum eruditum. Cumque se cognovisset jam aliquantulum viribus defici, congregatis in Aureliana urbe regia quibusque Francorum ac Burgondionum regni primoribus, eundem Rotbertum filium videlicet suum, anno scilicet tertio decimo ante millesimum incarnati Salvatoris, adhuc se superstite, regem constituit [3]. Post aliquot vero annos isdem etiam

---

1. Sur l'élection de Hugues Capet comme roi de France en 987, cf. Richer, l. IV, c. 12.

2. Otton I n'était pas fils d'une sœur de Hugues le Grand; mais Hadewide, sœur d'Otton I, avait épousé Hugues le Grand, comme l'a remarqué plus haut Raoul Glaber, l. I, c. IV, § 8.

3. Robert fut associé au trône par son père et sacré à Orléans le 25 décembre 987.

rex Hugo, in pace regno disposito, feliciter obiit[1]. Erat namque Rotbertus rex, tunc juvenis, ut diximus, prudens atque eruditus, dulcisque eloquio ac pietate insignis. Sed, divina providente clementia, hujusmodi virum ad catholice plebis regimen omnium Dominus illo precipue in tempore dignatus est destinare. Nam diebus regni ipsius, elementorum etiam signis preeuntibus, non modicę clades incubuere Christi ecclesię; quibus nisi isdem rex sapienter, Deo se juvante, restitisset seviendo multipliciter in longinquum processissent.

II. DE COETU MARIS ET OCCIDENTALIUM BELLIS.

2. Anno igitur quarto de suprascripto millesimo[2], visa est cętus mire magnitudinis descendisse per mare in loco qui Bernovallis[3] nuncupatur, egrediens scilicet a septentrionali plaga in occidentalem. Apparuit quoque mense novembrio mane prima diei aurora ad instar insulę; ac transeundo perdurans usque in horam diei tertiam, maximum etiam stuporem admirationemque se cernentibus contulit. Sed et ne alicui forte sit dubium quod narratur, quamvis a multis visum fuit, tamen huic simile monstrum a plerisque invenitur descriptum. Denique legitur in Gestis egregii[4] confessoris Bendani orientalium[5] videlicet Anglorum, quoniam isdem vir Dei, scilicet Bendanus, cum pluribus monachis per marinas insulas per aliquod temporis spatium heremiticam transegisset vitam, hanc vel huic similem quondam obviam haberet beluam. Nam cum remigando quasque in mari constitutas circumiret insulas,

---

1. En 996.
2. La façon dont Raoul Glaber exprime les dates est fort ambigue et peut donner lieu à diverses interprétations. Je crois qu'il faut ici traduire : « la quatrième année avant l'an 1000. » Mais, même dans ce cas, il est difficile de savoir s'il s'agit de l'an 997 ou de l'an 996. Voyez dans le *Rec. des histor. de France*, t. X, p. 13, la note *a*, et dans la présente édition, l. II, c. VIII.
3. Berneval, département de la Seine-Inférieure, arr. de Dieppe.
4. Le ms. lat. 10912 donne *egregi*. J'adopte ici la leçon du ms. lat. 6190, *egregii*. — Saint Brandan, abbé de Cluainfert en Irlande, au vie siècle, fameux par ses voyages. Cf. Bollandistes, *Acta Sanctorum*, mai, t. III, p. 602.
5. Le ms. lat. 10912 porte *orentalium*; le ms. lat. 6190 corrige *orientalium*.

superveniente noctis crepusculo, cernens procul velut
maritimam insulam, ad quam etiam divertens cum omnibus
qui secum erant, supervenientem dumtaxat exacturus
noctem. Cumque ibi ventum fuisset, exeuntes de scafis,
conscendentesque turgentem beluę dorsum, unius tantummodo noctis ibidem hospicio potituri. Cumque post brevem
cenam ceteri fratres fessa indulsissent menbra quieti, solus
vir Domini Bendanus, pervigil custos dominici ovilis, ac
magis assiduus quam frequens psalmicen, explorabat
cautius vim ventorum et siderum cursus; qui, dum hoc
attentius per noctis conticinium ageret, repente intellexit
quoniam illud promuntorium, ad quod scilicet hospitaturi
diverterant, ad orientalem illos eveheret plagam. Luce
quoque alterius diei reddita, sollertissimus vir convocans
collegas, videlicet suos qui aderant, blande exortans ac
consolans, eos inquiens : « Universorum conditori et
gubernatori Deo, fratres benignissimi, indefessas referamus
gratias, qui sua nobis in his marinis fluctibus providentia
preparavit vehiculum non egens humano remigio. » Quibus
a viro Dei socii auditis, mentis stupore adacti, divinę
protinus sese providentię commitentes, ac viri sancti
innitentes prudentię, ceperunt securiores eventum presto-
lari rei fortuite. Hujusmodi ergo per spacia plurimorum
dierum usi evectione, semper tamen semet conspiciebant
ad solis ortum tendere. Tandem vero perventum est ad
insulam ceterarum speciosissimam atque omni amenitate
gratiosissimam. Illius quoque arborum habitudo atque
avium dissimilitudinem gerit universorum. Egressus quoque
vir sanctus, accedens ad eam, repperit etiam ibi monachorum vel potius anacoritarum collectas miras ac multiplices,
quorum scilicet [1] vita et conversatio universorum mortalium
studiis sanctior ac nobilior enitebat. A quibus etiam magna
cum caritate suscepti plurimis diebus ibidem commanentes,
de multis quę ad veram pertinent salutem diligenter instructi, postmodumque ad nativum revertentes solum universa que conpererant patrię redditi narraverunt.

---

1. Les deux mss. lat. 10912 et 6190 portent *suilicet*.

3. Preterea viso, ut dicere cepimus, Oceani portento, exorsus est bellicus tumultus in universa occidentali orbis plaga, videlicet tam in regionibus Galliarum quam in transmarinis Oceani insulis, videlicet Anglorum atque Brittonum necnon et Scottorum. Siquidem, ut plerumque solet contingere, propter delicta infimi •populi versi in dissensionem illorum reges ac ceteri principes, statimque exardescentes in subjectc plebis depopulationem scilicet usque dum perducuntur ad suimet sanguinis effusionem. Quod videlicet tamdiu patratum est in predictis insulis quousque unus regum earundem vi solus potiretur regiminis ceterarum. Denique mortuo rege Adalrado[1], in regno scilicet illorum qui Danimarches cognominantur, qui etiam uxorem duxerat sororem Richardi[2], Rotomagorum ducis, invasit regnum illius rex videlicet Canuc occidentalium Anglorum[3]. Qui etiam, post crebra bellorum molimina, ac patrię depopulationes, pactum cum Richardo stabiliens, ejusque germanam, Adalridi videlicet uxorem[4], in matrimonium ducens utriusque regni tenuit monarchiam. Post hec quoque isdem Canuc cum plurimo exercitu egressus ut subjugaret sibi gentem Scottorum; quorum videlicet rex Melculo[5] vocabatur, viribus et armis validus, et quod potissimum erat fide atque opere christianissimus, ut autem cognovit quoniam Canuc audacter illius quereret invadere regnum, congregans omnem suę gentis exercitum, potenter ei ne valeret restitit; ac diu multumque talibus procaciter Canuc inserviens jurgiis, ad postremum tamen predicti Richardi Rotomagorum ducis ejusque sororis persuasionibus pro Dei amore omni prorsus deposita feritate, mittis effectus in pace deguit. Insuper et Scotorum regem amicicię gratia diligens illiusque filium de sacro baptismatis fonte excepit. Cepit ergo ex illo fieri ut, si qua hostilis necessitas

---

1. Ethelred II, mort en 1016.
2. Emma, fille de Richard II.
3. Après la mort d'Ethelred II, une partie des Anglais proclamèrent roi son fils Edmond, qui mourut l'année suivante, et les autres reconnurent Canut.
4. En 1017 Canut épousa la veuve d'Ethelred II.
5. Malcolm.

Rotomagorum duci incumberet, a transmarinis insulis in
sui auxilium exercitum sumeret copiosum. Sicque diutius
gens Normanorum scilicet ac predictarum populi insularum
tuti pace fidissima, ut ipsi potius formidine suę potentię
plerosque exterarum provinciarum terrerent populos, quam
ipsi ab aliis terrerentur. Nec mirum quippe, quoniam a
quibus bonorum extirpatrix Dei timore expulsa fuerat
discordia, in eisdem pace previa Christi nobile regnum
felix obtinuit tripudium.

III. DE CONANO DUCE BRITONUM ET FULCONE ANDEGAVORUM.

4. Prescriptorum igitur dierum tempore nichilominus [1]
in infimis Galliarum partibus intestinorum bellorum desevit
tumultus. Narrant [2] siquidem plerique disputantes de
mundani orbis positione, quod situs regionis Gallię quadra
dimetiatur locatione; licet ergo a Rifeis montibus usque
Hispaniarum terminos in levo habens Oceanum mare, in
dextro vero passim juga Alpium, propria excedat longitu-
dine mensuram rationis quadriforme. Cujus etiam inferius
finitimum ac perinde vilissimum Cornu Gallię [3] nuncupatur.
Est enim illius metropolis civitas Redonum [4]; inhabitatur
quoque diutius a gente Brittonum, quorum solę divitię
primitus fuere libertas fisci publici et lactis copia. Qui,
omni prorsus urbanitate vacui, suntque illis mores inculti
ac levis ira et stulta garrulitas. Horum scilicet Brittonum
aliquando princeps extitit quidam, Conanus [5] nomine, qui

---

1. Le ms. lat. 10912 donne *nicolominus*. Je corrige *nichilominus* d'après le
ms. lat. 6190.
2. L'auteur des *Gesta consulum Andegavorum* (Chroniques d'Anjou, éd.
Marchegay, t. I, p. 93) dit : « Nunc de moribus Britonum quid Glaber
Rodulfus historiographus in historia sua scripserit et de Conano pseudo-rege
facto, et de bello cum eodem Fulcone habito nostro, operi breviter insera-
mus. » Et il a en effet transcrit dans sa chronique le texte de Raoul Glaber
depuis les mots « Narrant siquidem plerique » jusqu'à la fin du chap. IV,
« procaciter patrare episcopi diocesi. »
3. Suivant certains historiens l'expression *Cornu Galliae* désigne seulement
le comté de Cornouaille ; suivant d'autres, toute la presqu'ile Armoricaine.
Cf. Flodoard, *Annales*, a. 919.
4. Les *Gesta consulum Andegavorum* donnent *castrum Dolum*.
5. Conan I.

etiam accepta in matrimonio Fulconis [1] Andegavorum comitis sorore [2] ac demum insolentior ceteris sue gentis principibus cepit existere. Nam more regio imposito sibi diademate in sui anguli popello plurimam inconsulte exercuit tyrannidem. Postmodum vero inter ipsum Conanum et predictum Fulconem Andegavorum videlicet comitem exortum est indissolubile jurgium, ita ut crebris suorum invicem depopulationibus ac sanguinis effusionibus lacessiti ad ultimum quoque quamquam civile tamen inluctabile inirent comminus prelium. Cum igitur diu multumque vicissim sibi mala que poterant irrogassent, ab utroque decretum est ut in loco qui Concretus [3] dicitur quisque illorum cum suo exercitu die constituto advenientes prelii certamen inirent. Sed Brittonum exercitus, excogitata fraudis decipula, partem Fulconis exercitus nequiter prostraverunt. In predicto denique loco, scilicet ubi certamen iniendum fuerat, clam prevenientes plerique Brittonum ibique nimium astute profundum atque perlongum fodere vallum, ramisque arborum densatim superinsertis, imposita videlicet hostibus muscipula, recesserunt. Die igitur constituto juxta condictum, dum illuc uterque cum suo exercitu adveniret, atque acies utraque jam in procintu videretur informata, gens Brittonum callida fraudisque proprie conscia, simulans se velle arripere fugam, scilicet ut avidius demergeret hostem in latentem muscipulam. Quod cernens Fulconis exercitus, cupiensque expedite super eos irruere, corruit pars ex eis non modica in foveam, videlicet Brittonum astu patratam. Ilico autem conversi Brittones, qui prius fugam simulaverant inhianterque super Fulconis exercitum irruentes, asperrima quamplures ex eis cede prostraverunt. Ipsum etiam Fulconem pulsum de equo in terram loricatum dejecerunt. Qui exsurgens nimio accensus furore, dictis relevans exacuensque suorum

---

1. Foulque Nerra.
2. Ermengarde.
3. Conquereux ou Conquereuil (Loire-Inférieure, arr. de Savenay). Le combat de Conquereux fut livré le 27 juin 992. Conan y fut tué. Cf. *Chronicon Sancti Michaelis* dans *Rec. des histor. de France*, t. X, p. 175.

animos, ac velut turbo vehementissimus per densas segetes
impellentes, omnem exercitum Brittonum crudeli nimium
cede mactaverunt; deletoque pene universo exercitu Britonum ipsum etiam Conanum illorum principem truncatum
dextera vivum capientes Fulconi reddiderunt. Qui potita
victoria, reversus ad propria, non illi postmodum quispiam
Brittonum molestus extitit.

IV. DE MONASTERIO LUCACENSE [1].

5. De eodem igitur Fulcone [2] perplura dici potuissent
ipsius gestorum, quę scilicet fastidium vitantes siluimus.
Unum tamen restat memorabile quod in presentiarum
relaturi sumus. Cum enim circumquaque in diversis
preliorum eventibus plurimum humanum fudisset sanguinem, metu gehennę territus, sepulchrum Salvatoris Hiero-
solimorum adiit [3], indeque, ut erat audacissimus admodum
exultanter rediens aliquantulum ad tempus a propria
feritate est lenior redditus. Tunc ergo mente concepit ut in
optimo fundorum proprii juris loco ecclesiam construeret,
ibidemque monachorum coetum coadunaret, qui videlicet
die noctuque pro illius animę redemptione intervenirent.
Qui etiam, ut semper curiose aiebat [4], cepit quosque per-
cunctari religiosos, in quorum potissimum memoria sanctorum eandem ecclesiam fundare deberet, qui videlicet pro
ejus remedio animę omnipotentem Dominum orarent. Cui
inter ceteros a propria etiam uxore, quę valde sano pollebat
consilio, suggestum est, ut in honore ac memoria illarum
cęlestium virtutum quas Cherubim et Seraphim sublimiores
sacra testatur auctoritas votum quod voverat expleret. Qui
libentissime annuens edificavit ecclesiam admodum pulcher-
rimam in pago scilicet Turonico miliaro interposito a
Lucacense castro [5].

---

1. Monastère de Beaulieu près de Loches (Indre-et-Loire).
2. Foulque Nerra.
3. Foulque Nerra paraît avoir fait plusieurs pèlerinages à Jérusalem. Le
premier, dont il est ici question, eut lieu en 1002-1003.
4. Les *Gesta consulum Andegavorum* donnent *agebat*.
5. Cf. *Gesta consulum Andegavorum*, dans *Rec. des histor. de France*, t. X,
p. 256; *Chronicon Turonense*, *Ibid.*, p. 283; *Chronicon Andegavense*, *Ibid.*,
p. 272; *Jaffé*, *Regesta pontificum*, n° 3962.

6. Expleto denique quantotius basilicę opere, protinus misit ad Hugonem Turonorum archipresulem, in cujus scilicet constituta erat diocesi, ut illam sacraturus, quemadmodum decreverat, adveniret. Qui venire distulit, dicens se minime posse illius votum dicando Domino committere; qui videlicet matri ecclesię sedis sibi commissę predia et mancipia subripuerat non pauca. Hocque potius illi videbatur conpetere ut primitus, si quid injuste diripuerat alicui, restitueret, sicque deinceps justo judici Deo propria que voverat offerri deberet. Cumque igitur ista Fulconi a suis perlata fuissent, diutina feritate resumta, nimium indigne ferens episcopi responsa, insuper cominatus est illum valde, ac sublimius inde quod valuit adegit consilium. Mox denique copiosa argenti et auri assumpta pecunia Romam pergens ac Johanni [1] papę causam suę profectionis exposuit, ac deinde poscens quod ab illo obtaverat plurima ei munerum dona obtulit. Qui protinus misit cum eodem Fulcone ad predictam basilicam sacrandam unum ex illis, quos in Beati Petri apostolorum principis ecclesia cardinales vocant, nomine Petrum, cui etiam precepit [2], veluti Romani pontificis auctoritate assumpta, quicquid agendum Fulconi videbatur intrepidus expleret. Quod utique audientes Galliarum quique presules presumptionem sacrilegam cognoverunt ex ceca cupiditate processisse, dum videlicet unus rapiens alterque raptum suscipiens, recens in Romana ecclesia scisma creavissent. Universi etiam pariter detestantes, quoniam nimium indecens videbatur, ut his qui apostolicam regebat sedem apostolicum primitus ac canonum transgrediebatur tenorem; cum insuper multiplici sit antiquitus autoritate roboratum ut non quispiam episcoporum in alterius diocesi istud presumat excercere, nisi presule cujus fuerit conpellente seu permittente.

7. Igitur die quadam mensis maii congregata est innumerabilis populi multitudo ad dedicationem scilicet predictę

---

1. Jean XVIII.
2. Cf. Jaffé, *Regesta pontificum*, n°s 3986 et 3989.

ecclesię [1]. Ex quibus multo etiam plures illuc Fulconis
terror ob suę elationis pompam venire compulit. Episcopi
tantum qui ejus dicione premebantur coacti interfuere.
Cepta igitur die constituto satis pompatice hujusmodi
dedicatione atque peracta, missarumque ex more sollem-
niis celebratis, postmodum quique ad propria rediere.
Denique iminente ipsius diei hora nona, cum flabris lenibus
serenum undique consisteret cęlum, repente supervenit a
plaga australi vehementissimus turbo, ipsam impellens
ecclesiam ac replens eam turbido aere, diu multumque
concutiens; deinde vero, solutis laquearibus universę
ejusdem ecclesię trabes simulque tota teges per pignam
templi ejusdem occidentalem in terram corruentes eversum
ierunt. Quod cum multi per regionem factum conperissent,
nulli venit in dubium quoniam insolens presumtionis
audatia irritum constituisset votum, simulque presentibus
ac futuris quibusque ne huic simile agerent evidens inditium fuit. Licet namque pontifex Romane ecclesię ob
dignitatem apostolice sedis ceteris in orbe constitutis
reverentior habeatur, non tamen ei licet transgredi in
aliquo canonici moderaminis tenorem. Sicut enim unusquisque ortodoxe ecclesię pontifex ac sponsus proprie sedis
uniformiter speciem gerit Salvatoris, ita generaliter nulli
convenit quippiam in alterius procaciter patrare episcopii [2]
diocesi.

V. DE PORTENTO AURELIANE URBIS MIRABILI.

8. Anno igitur incarnati octingentesimo [3] octogesimo
octavo contigit in urbę Aureliana Galliarum admodum
memorabile atque formidolosum portentum. Constat ergo
in eadem urbę monasterium in honore apostolorum principis
antiquitus constitutum in quo primitus collegium sanctimo-
nalium virginum omnipotenti Deo deservisse dignoscitur,

---

1. Au mois de mai 1012.
2. Les *Gesta consulum Andegav.* donnent *episcopi.*
3. Il faut corriger *octingentesimo* en *nongentesimo.*

quod etiam exinde cognomento Puellare dicitur [1]. In cujus
denique monasterii medio defixum stabat venerabile crucis
vexillum, preferens ipsius Salvatoris pro salute humana
mortem patientis imaginem, a cujus scilicet imaginis oculis
per aliquod dierum spatium continue, multis cernentibus,
rivus emanavit lacrimarum; ad quod nimirum. terribile
spectaculum inspitiendum multitudo maxima convenit hominum. Plerique tamen, cum illud cernerent admodum,
animadvertentes quoddam esse divinitatis presagium videlicet illius urbis superventure calamitatis. Quemadmodum
enim isdem per se Salvator presciens imminere urbis
detrimentum Hierosolimitane flevisse illam perhibetur, sic
denique et hanc videlicet Aurelianam paulo post iminentem
cladem passuram per expressam sue imaginis figuram
flevisse comprobatur. Contigit ergo post paululum in eadem
civitate inaudite rei id ipsum, ut putatur, portendens
eventus. Denique cum una noctium custodes majoris
ecclesie, videlicet episcopii, ex more exsurrexissent atque
ipsius ecclesie portas quibusque ad matutinales laudes
properantibus aperuissent, subito lupus adfuit, eccle-
siamque ingressus ac funem signi ore arripiens agitansque
illud insonuit. Cernentes nimirum qui adherant, mentis
stupore concussi, tandem clamore emisso, ac si inermes,
nisu quo valuere illum exturbantes ab ecclesia expulerunt.
Sequenti vero anno [2] tota illius civitatis humana habitatio
cum domibus ecclesiarum terribiliter igne cremata est.
Unde etiam nulli venit in dubium quoniam unius cladis
eventum utriusque rei precessisset portentum.

9. Erat igitur tunc temporis predicte civitatis pontifex
venerabilis Arnulfus [3], qui videlicet genere et doctrina
sapientie pernobilis ac paternorum fundorum reditibus
locupletissimus. Cernens excidium scilicet proprie sedis
desolationemque sibi commisse plebis, potiore usus consilio, magnum colligens apparatum, cepit domum majoris

---

1. Saint-Pierre-le-Puellier.
2. 989.
3. Arnoul devint évêque d'Orléans vers 987 ; il mourut en 1003.

ecclesie, que olim dicata fuerat in Christi Crucis honore, jugiter a fundamentis reedificare [1]. Qui dum acerrime cepto operi cum suis omnibus intenderet, ut scilicet quantotius honestissime consummaret, nimium evidenter prestitum est illi divinitus juvamen. Contigit igitur quadem die, dum cementarii fundamina basilice locaturi soliditatem perscrutarentur ipsius telluris, ut repperirent copiosa auri pondera. Que scilicet ad totius, quamvis magne, basilice fabricam reformandam certissime crederentur sufficere. Suscipientes ergo qui fortuito invenerant aurum, ex integro episcopo detulerunt. Ipse vero omnipotenti Deo pro collato sibi munere gratias agens, ac suscipiens illud, custodibus operis tradidit totumque fideliter in opus ejusdem ecclesie expendi jussit. Fertur namque quod etiam illud aurum sollertia beati Evurtii, antiqui ejusdem sedis presulis, ibidem hujus restaurationis gratia fuisset reconditum. Idcirco permaxime, quoniam dum isdem vir sanctus quondam potiorem quam fuerat primitus eandem informaret ecclesiam, contigit illi huic simile munus divinitus sibi reservatum inibi reperire. Sicque preterea factum est ut et domus ecclesie, videlicet sedis pontificalis, priore elegantior reformaretur, ipsoque suadente pontifice, ceterarumque in eadem civitate deperierant, basilicarum sanctorum quorumque meritis dicatarum edes anterioribus potiores construerentur, atque divinorum operum cultus in eisdem excellentior haberetur pre omnibus; ipsaque urbs paulo post referta domorum edificiis, plebs tandem illius mitigata a flagitiis, Domini pietate subventa, tantoque citius convaluit, quanto sagatius propriam calamitatem excepit ob correptionis ultionem. Fuit namque predicta civitas antiquitus, ut est in presentiarum regum Francorum principalis sedes regia, scilicet pro sui pulcritudine ac populari frequentia necnon et telluris hubertate perspicuique irrigatione fluminis. Ex Ligere quippe sibi congruo etiam flumine agnomen habet inditum, diciturque Aureliana, quasi Ore Ligeriana, eo videlicet quod in ore ejusdem

1. L'église Sainte-Croix.

fluminis ripe sit constituta; denique, non ut quidam minus
cauti existimant ab Aureliano Augusto, quasi eam ipse
edificaverit, sic vocatam, quin potius ab amne, ut diximus,
quod rectius veriusque illi congruit.

VI. DE PRELATIONIBUS TURPIS LUCRI [1] AREPTIS.

10. Sacro igitur premonente eloquio, luce clarius com-
pertum habetur quoniam in processu novissimorum dierum,
frigescente in hominibus caritate ac superabundante iniquitate, instabunt periculosa animarum tempora. Nam et
multiplicibus antiquorum patrum intimatur assertionibus
quod, crassante avaritia, preteritarum jura vel ordines
religionum ex eo unde consurgere debuere ad incrementi
profectum, exinde sumpsere corruptionis defectum. Illudque aliquibus versum est in animarum detrimentum, quod
quibusdam eo legitime utentibus fuit emolumentum. Siquidem, ut diximus, turpis lueri avaritia inperante, suffocatur
sepissime censura justitie. Cum enim in diversarum gentium
ac provinciarum cultibus istud habeatur probabile, evidentius tamen in Israhelitice plebis levitis et sacerdotibus.
Qui scilicet, quanto dudum ceteris opulentiores, eo amplius
plerique illorum superba cupiditate insolentiores, idcirco
etiam ad ultimum omnibus effecti deteriores. Sed multum
distant legis veteris instituta multiplicibus figurarum enigmatibus vestita a nove gratie perspicuis ac spiritalibus
sacramentorum donis. Ibi namque munera solummodo
conferebantur terrenarum hostiarum; in his ipse Deus
accipitur in premium, ibique nichilominus totum promere-
batur quisque ex servitutis actione. Hic vero quisque dignus
habetur dumtaxat ex sincera optime conscientie voluntate.

11. Atque idcirco ista premisimus, quoniam, jamdudum
muneribus ineptis excecatis, pene universis principibus
desevit hec pestis longe lateque in ecclesiarum quibusque
prelatis toto terrarum orbe diffusis. Denique omnipotentis

1. Corrigez *turpi lucro.*

Christi Domini gratuitum ac venerabile donum ad proprię
damnationis cumulum converterunt in avaritię lucrum.
Ideoque hujusmodi videlicet prelati tanto minus ad divinum
peragendum opus inveniuntur idonei, quanto constat quia
non ad illud accesserunt per aditum principalis hostii. Et
licet adversus talium personarum procacitatem multipliciter
clamet sacrarum Scripturarum canon, nunc tamen solito
multiplicius conperitur fieri in diversis ęcclesiarum ordinibus. Nam ipsi reges, qui sacre religionis idonearum
decretores personarum esse debuerant, munerum largitione
corrupti, potiorem quempiam ad regimen ęcclesiarum vel
animarum dijudicant, illum videlicet a quo ampliora
munera suscipere sperant; atque idcirco permaxime quique
procaces ac turgore superbię inflati sese ultro cuique
prelationi ingerunt, minus formidantes incurrere lapsum
neglectę pastoralis curę, quoniam tota solummodo illorum
pendet fidutia ex loculis collectę pecunię, non ex percepte
donis sapientię; tantoque amplius, adepto regimine, student
avaritię, quanto constat propriam ex illa ambitionem
implesse, ac velut idolo sibi pro Deo constituto illi serviunt;
per quam scilicet informati ad tale nomen absque merito
vel opere proruperunt; fitque minus cautis deceptoria imi-
tandi forma, ac perinde vicissim contumax invidentia.
Quippe quoniam quicquid in talibus alter emulando colligit
videtur alteri invidendo sibi subripit; atque, ut invidorum
semper mos est, alienis felicitatibus indesinenter appetunt
torqueri. Hinc etiam procedunt litigiorum tumultus assidui,
oriunturque frequentia scandala, ac diversorum transgre-
diendo convellitur tenor ordinum.

12. Sic etiam contigit ut, dum inreligiositas grassatur in
clero, procacitatis et incontinentię appetitus succrescat in
populo. Deinde vero mendatiorum circonvenientię, fraudes,
atque homicidia universos pene in interitum subripiendo
protrahunt. Et quoniam catolice fidei oculum, videlicet
ęcclesię prelatos, pessime cecitatis caligo obrepsit, idcirco
plebs illius, proprię salutis viam ignorans, in sue perditionis ruinam decidit. Jure etiam contigit ut ipsi scilicet

prelati ab eisdem, quos subjectos habere debuere, affli-
gantur atque contumaces sentiant illos, quos utique suo
exemplo a justitiæ itinere fecere devios. Nec mirum preterea
si in aliquibus angustiis constituti minus, dum clamant,
exaudiuntur quoniam ipsi sibimet per avaritiæ cumulum
clausere misericordiæ hostium; cum certissimum nichilominus habeatur pro hujusmodi viscisitudine flagitii sepissime iminere communem cladem populis et animantibus
cunctis necnon etiam plurimam pestem frugibus, videlicet
ex intemperiæ aeris. Sic quippe fieri contigit ut hi scilicet,
qui omnipotentis Dei gregi sibi commisso ferre debuerant
salvationis aminiculum, opponerent eidem consueti beneficii
obstaculum. Quandocumque enim desiit religiositas pontificum ac marcessit districtio regularis abbatum, simulque
monasterialis discipline virgor tepescit, ac per illorum
exempla cetera plebs mandatorum Dei prevaricatrix existit;
quid aliud quam totum simul humanum genus rursus in
antiquum precipicii cahos suæ perditionis spontanea voluntate inlabitur? Ex hujusmodi rei procul dubio eventu,
dudum ille antiquus Leviatan fidutiam conceperat; quod
inundatio Jordanis fluvii os inlaberetur illius, ut videlicet
baptizatorum multitudo per avaritiæ appetitum, viam
veritatis deserens, demergeretur in interitum. Et quia, ut
ex auctoritate apostolica completum dinoscitur, frigescente
scilicet caritate ac superabundante iniquitate, in hominibus utique semet plus justo amantibus, solito crebrius
ista quæ retulimus circa millesimum et post nati Salvatoris
Domini annum in universis mundi partibus contigerunt.

VII. DE INCENDIIS, ET MORTIBUS NOBILIUM.

13. Septimo igitur de supradicto millesimo anno [1],
Vesevus mons, qui et Vulcani olla dicitur, solito multipli-
ciore hyatu evomens igne permixtam sulphureo grandium
saxorum multitudinem, qui usque in tercium rotabantur

---

1. C'est-à-dire l'an 993 ou 994.

miliarium, sicque suo alatu putido circa se inhabitabilem
cepit facere provintiam; sed neque hoc puto silentio prete-
rire cur istud in sola Africana contingat fieri regione.
Primum denique, ob telluris vacuitatem, ex nimio solis
ardore, et quoniam illuc incombit devexum ab oriente
Oceanum mare, inmensos undarum erigendo in sese
recolligit vertices, quibus videlicet percusus reconditur aer
telluris in gremio, deinde vero cum igniflua vaporatione
quo valet eructuat ad supera; siquidem aer sicut ex ordinali
constitutione penetrat supera, sic ex ejusdem ambigua
natura humoris scilicet aque caloris sepius agitatus
exprimit in aridis ignem aut in humidis glatiem. Contigit
interea pene universas Italię et Gallię civitates ignium
incendiis devastari ipsamque urbem Romam ex parte
maxima igne cremari. Quod dum fieret, Beati Petri ęcclesię
tigna isdem ignis arripuit, cepitque sub ęreo tabulatu consu-
mendo lambere ligna. Quod cernens universa hominum
multitudo quę aderat, nullam omnino conpescendę cladis
artem repperiens, conversi unanimes voce clamantes terri-
bili ad ipsius apostolorum principis cucurrere confessionem,
diu inprecantes si non pervigil proprię foret ad presens
defensor ecclesię, multos in orbę terrarum a suę fidei
professione decidere. Statim vero vorax flamma abietinas
deserens trabes disparuit.

14. Per iddem tempus obierunt in Italia et in Galliis qui
precipui erant pontifices et duces necnon et comites.
Primitus quoque papa Johannes[1], deinde Hugo marchionum optimus[2]. Post hęc vero per Italiam quique nobiliores.
In Galliis namque Odo[3] et Heribertus[4], quorum prior
Turonorum Carnotique, sequens vero Meldorum ac Trecorum comes extitit. Tunc temporis etiam dux Rotomagnorum
Ricardus[5] obiit, qui monasterium edificaverat nimium
locuplex in loco qui dicitur Fiscampus in quo etiam

1. Probablement Jean XV mort en 996.
2. Hugues, marquis de Toscane, mort en 1001.
3. Eudes I, mort en 995.
4. Herbert II, fils d'Herbert I, comte de Troyes.
5. Richard, mort en 996.

sepultus quiescit. Willelmus quoque Pictavorum dux sub eodem tempore vitam finivit [1]. Pontifices item in Galliis quinque religiosiores a seculo excesserunt : Manasses videlicet vir sanctitate plenus, Trecorum episcopus, et Gislebertus Parisiorum necnon et Iebonius Catalonorum cum aliis pluribus. Inter quos etiam bonę memorię sanctus videlicet Maïolus [2] apud Silviniacum [3] cęnobium vitę presentis est terminum consecutus ; cujus scilicet vitę honestate preciosus etiam commendat transitus. Nam ad illius famam sanctitatis confluxere ex universo Romano orbe viri et mulieres utrorumque ordinum plurimi, exinde referentes diversarum infirmitatum gratiam sanitatis. Deseviebat eodem tempore clades pessima in hominibus, ignis scilicet occultus, qui quodcumque membrorum arripuisset exurendo truncabat a corpore ; plerosque etiam in spatio unius noctis hujus ignis consumsit exustio. Sed cum in plurimis sanctorum memoriis hujus tremendę pestis sint inventa remedia, maximus tamen concursus factus est ad trium sanctorum confessorum ecclesias, Martini scilicet Turonorum atque Odolrici Bajoariorum, necnon et istius venerabilis patris Maioli, optatęque salutis inventa sunt beneficia.

VIII. DE HEINRICI DUCIS MORTE ET VASTATIONE BURGUNDIĘ [4].

15. Igitur anno tertio de supradicto millesimo [5] moritur iu Burgundia dux Heinricus apud Castrum Pulliacum super

1. Guillaume Fier-à-Bras mort en 993.
2. Maïeul, abbé de Cluny, mort en 994.
3. Souvigny, dép. de l'Allier, arr. de Moulins.
4. Voyez pour le commentaire de ce chapitre Pfister, *Etudes sur le règne de Robert-le-Pieux*, l. III, c. II, p. 246 et suiv.
5. M. Pfister, *ouvrage cité*, p. 255, pense qu'il faut traduire l'an 1002. Odoran (*Rec. des histor. de France*, t. X, p. 165) et les Annales de Sainte-Colombe (*Monum. Germaniæ histor.*, Scriptor., t. I, p. 206) rapportent à 1002 la mort du duc Henri; mais la Chronique de Verdun (*Rec. des histor. de France*, t. X, p. 206) donne la date de 996. Quoi qu'il en soit je crois qu'il faut traduire l'expression *anno tertio de supradicto millesimo* par la 3e année avant l'an 1000, c'est-à-dire l'an 998 ou 997. Au chapitre précédent, les personnages dont Raoul indique la mort aux environs de la 7e année de l'an 1000, « *septimo de millesimo anno*, » sont morts avant l'an 1000 ; et de plus

Ararim fluvium [1], sepultureque Autisioderi apud eximium confessorem Germanum traditur octobrio mense [2]. Sequente vero mense decembrio, vespere sabbati ante diem dominice Nativitatis, aparuit in aere portentum mirabile, species videlicet seu ipsa moles immensi draconis, a septemtrionali plaga egrediens cum nimia coruscatione petebat austrum. Quod prodigium pene homines universos qui videre infra Gallias terruit. Sequenti denique anno ascendit Rotbertus rex in Burgundiam cum magno excercitu pugnatorum, ducens etiam secum Ricardum Rotomagnorum comitem cum triginta milibus Normagnorum, quoniam Burgundiones ei fuere rebelles, nolentes eum suscipere in civitatibus et castris, que fuerant ducis Heinrici, ejus videlicet avunculi; quin potius sibi in proprias divisere partes. Deveniens quoque primitus rex cum omni excercitu civitatem Autisioderum, eam obsidione circumdedit [3]. Qui diu ibi crebris assultibus fatigatus residens non adversus eam prevaluit, que fertur numquam fraude vel hoste fuisse decepta. Relicta namque civitate, rex cum universo bellico apparatu convertit se ad castrum beati presulis Germani expugnandum quod munito aggere prepollens heret civitati. Vallaverat enim illud Landrici comitis [4] excercitus, necnon ejusdem loci familiares viri, hostium siquidem metuentes sacri gregis diremtionem. Occurrit interea furenti regi Odilo, venerabilis abba Cluniensis monasterii, cupiens intervenire partes utrasque siquidem ut regi exiberetur honorificentia, solidaretur concordia principum, pax patrie firmaretur. Qui minus posse fieri cernens quod decreverat, hortabatur fratres octo tantum numero qui ad confessoris custodiam relicti fuerant (nam ceteros cum suo abbate Hilderico

---

l'auteur annonce au début du 3e livre qu'il aborde le récit des événements postérieurs à l'an 1000; enfin, au chapitre IV du livre III, voulant désigner l'an 1002 ou l'an 1003, il dit « infra... millesimum tercio... anno. » Voyez dans le *Rec. des histor. de France*, t. X, la note *a* de la page 13.

1. Pouilly-sur-Saône.
2. Le 15 octobre d'après les Annales de Sainte-Colombe.
3. Cf. *Historia episcoporum Autissiodorensium* dans *Rec. des histor. de France*, t. X, p. 171; *Gesta abbatum Sancti Germani, Ibid.*, p. 189; *Breve Chronicon Autissiodorense, Ibid.*, t. XI, p. 270. Voyez Pfister, *ouvrage cité*, p. 257.
4. Landri, comte de Nevers.

nomine jussio regis inde exire conpulerat) ut orationi
instarent assiduę, si forte Domini pietas eos pariter et
locum a tanta obsidione dignaretur eripere.

16. Sexto igitur obsidionis die inlucescente, nimio rex
arreptus furore, indutus lorica simul et galea, omnemque
excercitum dictis exacuens, habens etiam secum Hugonem[1]
ejusdem urbis pontificem, solum ex omni Burgundia parti
regis faventem. Eidem namque regi in procintu jam constituto, occurrit supradictus abba Odilo, illum increpans
ejusque primates redarguens[2] cur adversus tantum Dei
pontificem, scilicet Germanum, hostili manu insurrexissent;
cui specialiter, ut in Gestis illius invenitur[3], usui fuit Dei
auxilio et bella compescere plurima et regum ferocitati
resistere. Cujus verbis minus auditum prebentes quo
tendebant pervenerunt, cingentesque supradictum castrum
in coronę modum, certatim illud expugnaturi prelium
inierunt, alternis quoque partibus diu multumque decer-
tantibus, domus suę parti Dei subito adfuit presens auxilium. Nam ejusdem castri universa capacitas ita repleta est
in hora prelii teterrima nebula ut nemini hostium a foris
pervius foret jaculandi aditus, cum ab intro repugnantibus
cernerent se gravi cede prosterni. Sicque cum suorum
maxime Normagnorum concisione dimiserunt castrum
incolume, quos, licet tarde, penituit adversus magni meriti
locum arma sumpsisse. Contigit etiam ut hora qua regis
excercitus adversus locum sacrum certamen inire cępisset,
vir religiosus Gislebertus, ejusdem loci monacus super
altare Beatę Marię semper virginis, quod decentius ceteris
in vertice ejusdem constat ecclesię, quemadmodum hora
diei tercia cotidie consueverat, missarum sacramenta
celebrare inciperet. Quod scilicet factum satis cęlitus
prestitę congruit victorię. Sequenti igitur die egrediens rex

---

1. Hugues, fils de Lambert, comte de Chalon-sur-Saône, et d'Adelaïs
d'Arles, sœur de Constance, femme du roi Robert, avait été sacré évêque
d'Auxerre le 5 mars 999 ; il mourut en 1039.

2. Le ms. lat 10912 donne *reduguens* corrigé en *redarguens* par le ms. lat.
6190.

3. Le ms. lat. 10912 porte *anvenitur*, corrigé en *invenitur* par le ms. lat. 6190.

inde processit igne cremando res hominum preter civitates
et castra tutissima usque in superiores Burgundię partes.
Qui Franciam rediens, post hęc tamen, licet tardius,
reversis ad se Burgundionibus, prospere universam obtinuit
regionem.

IX. DE FAME VALIDA ET INFESTATIONE SARRACENORUM.

17. Eodem autem tempore, facta est fames prevalida
quinquennio in universo Romano orbe, siquidem ut nulla
audiretur non inobs regio et indigens pane; multique
exausti inedia de populo perierunt. Tunc etiam per plura
loca terrarum, non solum inmundorum animalium et
reptilium, verum etiam vivorum ac mulierum infantiumque
carnes conpulit fames horrida sumere in cibum, nulla vel
parentum obstante necessitudine. Nam eo usque devenerat
hujus sevitia famis ut jam adulti filii consumerent matres,
ipseque in parvulos, remota pietate materna, iddem
excercerent.

18. Subsequente namque tempore, gens Sarracenorum
cum rege suo, Almuzor [1] nomine, egressa est ex Africanis
partibus, ocupans pene universam Hispanie regionem usque
in australes Galliarum fines, plurimasque Christianorum
dedere strages. Sed, licet inpar excercitu, sepius tamen
iniit cum eis prelia Willelmus dux Navarrie, cognomento
Sanctus [2]. Tunc etiam ob excercitus raritatem conpulsi sunt
regionis illius monachi sumere arma bellica. Cese denique
graviter utreque partes, tandem concessa Christianis victoria, post grande suorum dispendium, qui superfuere
Sarracenorum ad Africam fecere confugium. Sed et in illis
diutinis conflictibus preliorum constat Christianorum religiosos plures ocubuisse, qui potius ob fraternę caritatis
amorem cupierant decertare, quam propter aliquam gloriam
laudis ponpatice.

---

1. Cf. Raoul Glaber, l. I, c. V, § 17.
2. Sanche II, roi de Navarre (970-994).

19. Erat quippe eo tempore frater quidam, Vulferius
nomine, dulcis admodum moribus et conversatione, in
monasterio cognomento Reomagensse [1], quod est situm in
pago Tarnoderensse, cui etiam aparuit die quadam
dominica visio satis credulitati commoda. Nam dum post
expletionem matutinalium laudum in supradicto oraturus
quievisset monasterio, fratribus ceteris inde aliquantulum
ad pausam redeuntibus, subito repletus est totius ejusdem
ecclesię ambitus viris scilicet vestibus albis indutis ac
purpureis stolis insignitis, quorum etiam continentię
gravitas plurimum de ipsis instituebat eos cernentem; qui
vero eos precedebat crucem manu gestans, episcopum se
esse multarum dicebat plebium, ibique die ipso sacra
missarum celebrare se oportere perhibebat. Referebat etiam
tam ipse quam ceteri, se illius noctis cum fratribus ejusdem
monasterii matutinales interfuisse sollempnes. Asserebant
insuper optime laudis officium quod audierant illi diei
congruere. Erat autem dominica dies octava Pentecosten,
in qua propter expletionem gaudii resurrectionis dominice
ejusdemque ascensionis et adventus Sancti Spiritus, in
plerisque diversarum regionum locis mos est psallere
responsoria, verbis valde honestisimis conposita, ac suavi
sonoritate referta, et, ut mens valet humana deificę Trinitati
condigna. Cepit interea qui preerat episcopus super altare
sancti Mauricii martyris missarum sollemnia ejusdem Trini-
tatis antiphonam intonans celebrare. Interim vero percunc-
tatus est supradictus frater, qui aut unde essent, pro quave
causa illuc devenissent. Cui satis leviter tale dederunt
responsum : « Professionem, inquiunt, Christianitatis ges-
tamus, sed ob tutelam patrię catholicęque plebis defensio-
nem gladius nos in bello Sarracenorum separavit ab humanorum corporum habitatione. Idcirco nos omnes pariter
divine vocatio nunc transfert in sortem beatorum ; sed ideo
per hanc provinciam nobis contigit habere transitum

---

1. Le ms. lat. 10912 porte *Reomamagensse*. Le ms. lat. 6190 corrige *Reomagensse*.—Monastère de Moutiers-Saint-Jean, construit sur les bords d'une petite
rivière dite *la Réome*, dans le diocèse de Langres ; aujourd'hui dép. de la
Côte-d'Or, canton de Montbard.

quoniam plures ex hac regione infra breve temporis spacium
nostro sunt addendi collegio. » Preterea is qui missarum
explebat officium, finita oratione dominica, pacem omnibus
dans, misitque unum qui ipsi fratri pacis osculum daret.
Qui cum fecisset innuit etiam ei ut illum sequeretur. His
ita conspectis, cum vellet eos sequi, disparuerunt. Intellexit quoque idem frater se in brevi spatio exiturum a
seculo, quod etiam sic contigit fieri.

20. Nam mense quinto, id est decembrio, postquam
hęc quę diximus [1] viderat, sui abbatis imperio perrexit
Autisiodorum gratia medicandi aliquorum in monasterio
beati confessoris Christi Germani infirmantium fratrum ;
erat enim medicine artis studiis instructus. Qui veniens
illuc cepit commonere illos fratres pro quorum causa advenerat, ut quam citius [2] que pro salute illorum agenda erant
exercere curarent. Cognoverat enim exitum suum proximum fore. Cui dum responderent : « Quieti indulge jam
hodie pro fatigatione itineris ut dies crastina te valentiorem
inveniat. » At ipse ait : « Si hodie quantum superest non
explevero prout valeo, jam die crastina noveritis me ex his
nichil acturum. » Qui ludere illum existimantes, ut erat
semper alacri mente placidus, quod monuerat omiserunt.
Die autem altera illucescente, preventus acri dolore
accessit, prout poterat, ad altare Beate Marie semper
virginis sacra missarum celebraturus. Quibus peractis,
recessit ad domum infirmorum fratrum, jamque nimium
dolentes artus composuit lecto. Cui, ut talibus fieri solet,
ceperunt palpebre somnum querere inter angustias. Repente vero astitit ei Virgo splendida, coruscans immenso
fulgore ; interrogansque illum quam mentis dubietatem
haberet ; quam cum ipse intuitus fuisset, adjecit : « Si de
itinere metuis, non necesse est enim ut paveas, quoniam
ego tibi custos extitero. » Ex qua visione securior effectus,

---

1. Après le mot *diximus*, commence une lacune dans le ms. lat. 10912 qui
s'étend jusque vers le milieu du ch. I du livre III. Cette lacune provient de
la disparition de plusieurs feuillets. Elle est comblée par le ms. lat. 6190.
2. Le ms. lat. 6190, que nous suivons ici, porte *cititius*.

ad se venire mandans loci prepositum nomine Achardum,
eruditissimum valde virum, qui postea ejusdem monasterii
abbas extitit [1], narravit ei non solum presentem sed etiam
preteritam visionem ex ordine. Qui dixit ei : « Confortare,
frater, in Domino ; sed quoniam ea vidisti que raro
humano visui conceduntur, necesse habes persolvere
universe carnis debitum, ut in eorum quos vidisti possis
admisceri consortium. » Convocatisque ceteris fratribus,
secundum morem ei visitationem fecerunt. Tercia namque
die peracta, incipiente nocte migravit a corpore. Quem dum
cuncti fratres ex more abluere ac pannis componere
pararent, signaque monasterii universa pulsarent, quidam
laicus, sed religiosus, juxta commanens, ignorans obitum
fratris estimansque ob nunciandos matutinos signa pulsari,
exsurrexit ut solebat pergere ad ecclesiam. Qui cum venisset
ad pontem quendam ligneum, que fere in medio erat itinere,
audierunt plures ex vicinis voces quasdam ex latere monasterii proclamantes hujusmodi : « Extrahe ! extrahe ! et educ
ad nos illum quantotius. » Quibus etiam vocibus tale responsum est redditum : « Hunc interim non queo, alium tamen
educam, si potero. » Statim vero ille qui ad ecclesiam
pergebat cernit ante se super pontem quasi unum vicinorum
suorum, revera ergo diabolum, contra se venientem, de
quo etiam dubitare non posset ; quin etiam nomine proprio
illum vocans monuitque ut provide transiret. Ilico autem
malignus spiritus turrigera specie in altum se erigens,
cupiensque decipere hominem, ejus fallacem pompam
visibus sequentem. Quam tamen dum aspiceret, ejus pes
lapsus graviter in ponte corruit. Qui citissime se erigens
muniensque se signo crucis, cognita maligni diaboli fraude,
regressus domum cautior est redditus ; paulo post nempe et
ipse in pace obiit.

---

1. Achard succéda en 1010 à Hildric comme abbé de Saint-Germain
d'Auxerre.

X. DE INUNDANTIA LAPIDUM.

21. Per idem tempus contigit in Burgundia, apud castrum Jaunniacum [1], valde mirum et memorabile presagium in domo cujusdam nobilis nomine Arlebaudi. Nam per triennium fere continue per universam illius domum indicibiliter, vel ab aere sive a tabulatu distillavere magni atque parvi lapides, ita ut acervos circa domum ex ipsis ejectis lapidibus usque nunc in promptu est videre. Sed cum die noctuque per domum ubique pluerent, neminem tamen suo ictu ledebant, sed neque vas aliquod infringebant. Multi enim ibi limites, quos alii bomnas nominant, suorum recognovere agrorum. Simul etiam de viis et domibus ac diversis edificiis, et prope et longe constitutis, illic delati reperti sunt lapides. Quod etiam future pestis illius domus familie fuisse indicium rei probavit eventus. Nam extiterat vir supradictus cum uxore sua de generosis admodum parentibus; iccirco increverant ejus filiis ac nepotibus paternorum fundorum cum circumjectis vicinis non parva litigia. Contigit ergo non longo post spacio temporis ut villam quandam, Allanto cognomine [2], sitam in pago Senonico, que etiam ex rectorum monasterii Sancte Columbe [3] virginis largitione juri illorum provenerat. Sed milites Autisidori comanentes ipsam eis diripiendo abstulerant; ipsi tamen toto nisu illam sibi redintegrari pararent. Cum vero jam plures de hac altercatum annos fuisset, uno vindemiarum die bellum inierunt in eadem villa partes utreque, in quo etiam bello multi ex ambobus partibus sunt interempti. Ex supradicta quoque domo inter filios et nepotes undecim ceciderunt. In processu namque temporis imminente jurgio, crescentibusque discordiis, perduravere cedes innumere illius familie, illorumque homicidie hostium usque in tricesimum et eo amplius annum.

---

1. Peut-être Joigny, aujourd'hui chef-lieu d'arrond. du dép. de l'Yonne.
2. Aillant, dans l'arrond. de Joigny, dép. de l'Yonne.
3. Monastère de Sainte-Colombe de Sens.

XI. DE LEUTARDO INSANIENTE HERETICO.

22. Extitit circa finem millesimi anni homo plebeius in
Galliis apud vicum Virtutis[1] vocabulo, in pago Catalonico,
Leutardus nomine qui, ut finis rei probavit, Satane legatus
credi potuit; cujus etiam vesanie pervicatia hoc exordium
habuit. Morabatur enim aliquando solus in agro quippiam
ruralis operis peracturus. Qui ex labore somno depressus,
visum est ei ut grande examen apum in ejus corpus per
secreta ingrederetur nature; quod etiam per illius os nimio
cum strepitu erumpens, crebris illum punctionibus agitabat,
ac diu multum agitato stimulis loqui ei videbantur, et multa
hominum impossibilia precipere ut faceret. Tandem fatigatus exurgens venit domum, dimittensque uxorem quasi
ex precepto euvangelico fecit divortium. Egressus autem
velut oraturus, intrans ecclesiam, arripiensque crucem et
Salvatoris imaginem contrivit. Quod cernentes quique territi
pavore, credentes illum, ut erat, insanum fore; quibus etiam
ipse persuasit, sicut sunt rustici mente labiles, universa hec
patrare ex mirabili Dei revelatione. Affluebat igitur nimium
sermonibus utilitate et veritate vacuis, doctorque cupiens
apparere, dedocebat magistrum doctrine. Nam decimas
dare dicebat esse omnimodis superfluum et inane. Et sicut
hereses cetere, ut cautius decipiant, Scripturis se divinis,
quibus etiam contrarie sunt, palliant, ita et iste dicebat
prophetas ex parte narrasse utilia, ex parte non credenda.
Cujus etiam fama, quasi alicujus mente sani ac religiosi, in
brevi ad se traxit partem non modicam vulgi. Quod comperiens vir eruditissimus Iebuinus senex episcopus[2], in cujus
scilicet erat diocesi, accersiri illum ad se jussit. Quem
cum interrogasset de universis que dixisse vel fecisse compererat, cepit venenum sue nequitie occultare, cupiensque
quod non didicerat de Scripturis sacris testimonia sibi
assumere. Audiens vero sagacissimus episcopus non esse

---

1. Vertus, chef-lieu de canton de la Marne.
2. Cf. plus haut, l. II, c. VII, § 14, où est mentionnée la mort de Jébuin,
évêque de Châlons.

convenientia, immo non magis turpia quam dampnabilia, ostendens hominem insanientem hereticum factum, revocavit ab insania populum ex parte deceptum, catholice plenius restituit fidei. At ille cernens se devictum atque ambitione vulgi destitutum, semet puteo periturus immersit.

XII. DE HERESE IN ITALIA REPERTA.

23. Ipso quoque tempore non impar apud Ravennam exortum est malum. Quidam igitur Vilgardus dictus, studio artis gramatice magis assiduus quam frequens, sicut italicis mos semper fuit artes negligere ceteras, illam sectari. Is enim, cum ex scientia sue artis cepisset inflatus superbia stultior apparere, quadam nocte assumpsere demones poetarum species Virgilii et Oratii atque Juvenalis, apparentesque illi fallaces retulerunt grates quoniam suorum dicta voluminum carius amplectens exerceret, seque illorum posteritatis felicem esse preconem; promiserunt ei insuper sue glorie postmodum fore participem. Hisque demonum fallaciis depravatus cepit multa turgide docere fidei sacre contraria, dictaque poetarum per omnia credenda esse asserebat. Ad ultimum vero hereticus est repertus atque a pontifice ipsius urbis Petro dampnatus. Plures etiam per Italiam tunc hujus pestiferi dogmatis sunt reperti, qui et ipsi aut gladiis aut incendiis perierunt. Ex Sardinia quoque insula, que his plurimum habundare solet, ipso tempore aliqui egressi, partem populi in Hispania corrumpentes, et ipsi a viris catholicis exterminati sunt. Quod presagium Johannis prophetie congruit, quia dixit Sathanan solvendum, et expletis mille annis de quibus in tercio jam libello prolixius tractabimus.

Explicit liber secundus.

INCIPIT LIBER TERCIUS.

1. Nunc igitur quoniam de priorum gestis aliqua retulimus, ab illo et infra, ut spopondimus, anno videlicet
millesimo nati cuncta vivificantis Verbi, tercii sumamus
incitamen hujus operis libelli. Eo autem, ut diximus,
imminente privatus est pene orbis universus personis et
religiosis et nobilibus. Claruere tamen ab eodem anno tam
in Italia quam in Galliis utrorumque ordinum viri, quorum
vita et operatio queunt posteris imitabilia informare exempla. Regnantibus quoque duobus christianissimis regibus
Henrico [1], scilicet Saxonum rege, et Roberto Francorum,
etsi ab exteris nationibus illorum quieverunt patrie, creberrime tamen preliis fagitate sunt intestinis. Sicut enim
aliquando perfidis honor exibetur ex timore, ita bonis
infertur pro sua reverentia timor. Nam cum ab omni Romanorum populo, intercedente papa Benedicto [2], viro sanctis-
simo, Henricus adsciveretur in imperium, Longobardorum
gens consueta fraude dissensit sibique regem Arduinum [3]
quendam unguentes instituerunt. Sed licet diu multumque
renitentes, postea tamen cum suorum cede maxima imperia-
libus semet subdidere preceptis. Qui [4] veniens Papiam ab
eisdem Longobardis miri operis palatium sibi construi fecit.
Potitoque decenter imperio accepit in regno suo conjugem
filiam scilicet Siefredi Saxonum ducis, ex qua etiam cernens
non posse suscipere liberos non eam propter hoc dimisit,
sed omne patrimonium quod liberis debebatur Christi
ecclesie contulit. Edificavit quoque monasterium in Saxonie
loco qui dicitur Bavoberch [5], id est Bavonis mons; lingua
enim theutonica Berch mons appellatur. Quod etiam

---

1. Henri II, roi de Germanie en 1002.
2. Benoît VIII.
3. Arduin fut couronné roi d'Italie à Pavie le 15 février 1002.
4. C'est-à-dire Henri II, proclamé roi de Lombardie à Pavie le 14 mai 1004.
5. Bamberg. Henri établit un évêché à Bamberg en 1007; il y construisit
deux monastères, l'un dédié à Saint-Michel et l'autre à Saint-Etienne; l'église
cathédrale fut dédiée en 1011 par Jean, archevêque d'Aquilée, et l'église Saint-
Etienne en 1019 par Benoît VIII. (*Rec. des histor. de France*, t. X, p. 24,
note *c.*)

monasterium donis innumerabilibus locupletatum a pontifice Romano supradicto, scilicet Benedicto, in honore
apostolorum principis dedicari fecit atque ejusdem pontificis
usus consilio eandem ecclesiam in episcopalem sublimavit
sedem, constitutoque in ea episcopo amplissimorum fundorum redditibus esse fecit locupletem.

I. DE STEPHANO REGE UNGRORUM ET BELLIS BENEVENTANORUM.

2. Ipso igitur tempore, Ungrorum gens, que erat circa
Danubium, cum suo rege ad fidem Christi conversa est.
Quorum regi, Stephano [1] ex baptismate vocato, decenterque
christianissimo, dedit memoratus imperator Henricus germanam suam in uxorem [2]. Tunc temporis ceperunt pene
universi, qui de Italia et Galliis ad sepulchrum Domini
Iherosolimis ire cupiebant, consuetum iter quod erat per
fretum maris omittere, atque per hujus regis patriam
transitum habere. Ille vero tutissimam omnibus constituit
viam; excipiebat ut fratres quoscumque videbat, dabatque
illis immensa munera. Cujus rei gratia provocata innumerabilis multitudo tam nobilium quam vulgi populi Iherosolimam abierunt. Tunc etiam imperator Basilius [3] sancti
imperii Constantinopolitani precepit cuidam satrape suo,
illi qui cognominatur Cataponti, eo scilicet quod juxta
mare inhabitet, ut a transmarinis civitatibus, que Romano debentur imperio, veniens tributa exigeret; qui
libenter annuens misit Grecorum classem ad res Italicas
sublaturas. Hoc vero pertemptatum est per duorum annorum
spacium; non parva etiam pars subjugata est a Grecis
Beneventane provincie.

3. Contigit autem ipso in tempore ut quidam Normannorum audacissimus, nomine Rodulfus, qui etiam comiti
Richardo [4] displicuerat, cujus iram metuens cum omnibus

---

1. Etienne, roi de Hongrie en 997, mort en 1038.
2. En 1008 Gisèle, sœur de Henri II, épousa Etienne, roi de Hongrie.
3. Basile II, empereur, de 976 à 1025.
4. Richard II.

que secum ducere potuit Romam pergeret, causamque
propriam summo pontifici exponeret Benedicto[1]. Qui,
cernens eum pugne militari elegantissimum, cepit ei quere-
lam exponere de Grecorum invasione Romani imperii, seque
multum dolere quoniam minime talis in suis existeret, qui
repelleret viros extere nationis. Quibus auditis, spopondit
se idem Rodulfus adversus transmarinos preliaturum, si
aliquod ei auxilium preberent vel illi quibus major incum-
bebat genuine necessitudo patrie. Tunc vero predictus
papa misit illum cum suis ad Beneventanos primates, ut
eum pacifice exciperent, semperque preliaturi pre se
haberent, illiusque jussioni unanimes obedirent; egressus-
que ad Beneventanos qui eum, ut papa jusserat, suscepe-
runt. Illico autem illos ex Grecorum officio qui vectigalia
in populo exigebant invadens Rodulfus, diripuit queque
illorum ac trucidavit. His itaque auditis, illorum socii, qui
jam plures civitates et castella proprie subjugaverant
ditioni, coacto in unum suorum exercitu, inierunt prelium
adversus Rodulfum et eos qui ejus favebant parti. In quo
scilicet prelio pars Grecorum occubuit maxima, insuper
et castra aliqua dimisere vacua; que subsecutus Rodulfi
exercitus victor obtinuit. Visa igitur Greci suorum cede,
miserunt Constantinopolim ut auxiliaretur eis quamtocius
ab his qui eos miserant; statimque reformantes classem
multo plures quam prius preliaturos miserunt. Interea
cum auditum esset ubique quoniam paucis Normannorum concessa fuisset de superbientibus Grecis victoria,
innumerabilis multitudo etiam cum uxoribus et liberis
prosecuta est a patria de qua egressus fuerat, Rodulfum,
non solum permittente sed etiam compellente ut irent
Richardo, illorum comite. Egredientes autem satis audacter
venerunt ad loca Alpium, qui et mons Jovis dicitur, ubi
etiam in angustissimis semitis prepotentes regionis illius
constituerant, imperante cupiditate, seras et custodes ad
precia transmeantium exigenda. At illi, cum denegassent eis
transitum, requisitus primitus ex more precio, indignatus

---

1. Benoît VIII. L'arrivée du normand Raoul en Italie se place vers 1016.

Normannorum exercitus, confractis seris cesisque custodibus, per vim transitum fecerunt, egressique non parvum Rodulfo contulerunt auxilium; sicque pars utraque, resumptis viribus, secundo inierunt prelium, in quo utrorumque exercitus graviter cesus; Normannorum tamen exercitui victoria provenit. Post paululum vero, terno commisso prelio, in sese pars utraque fessa cohibuit. Perspiciensque Rodulfus suos defecisse virosque illius patrie minus belli aptos, cum paucis perrexit ad imperatorem Henricum, expositurus ei hujus rei negocium. Qui benigne illum suscipiens diversis muneribus ditavit, quoniam rumor, quem de illo audierat, cernendi contulerat desiderium.

4. Protinus imperator, congregans exercitum copiosum, ob tuendam rem publicam ire disposuit. Tandem vero Greci, putantes a patria fugisse Rodulfum, prosilierunt ad castra que ipse victor ab eis abstulerat; sed ne quicquam, nam et veterem Troadem civitatem festinanter cinxere muris, replentes eam copiose viris et mulieribus. Interea pergens imperator ad regionem Beneventanam, expugnavit ac subdidit universas civitates et castra, que Greci subripuerant ejus imperio ad supradictam autem cum venisset Troadem [1] rebellantes qui intus erant diu multumque ei restiterunt, nam sperabant ut sibi future estati, sicut Greci promiserant fore, Basilius succurreret; insuper adicientes in tantum Henricum humiliari, ut pedes [2] Basilii territus pavore susciperet. At ille circumdans civitatem sui exercitus obsidione instruxit machinas, ut eam per vim caperet. Illi quoque deintus noctu egressi tulerunt secum faces pice perlitas, igneque succensas machinas a foris cremaverunt. Quod cernens imperator, accensus ira, potiores fecit reinstrui machinas, crudoque circumdari corio, vigilantique custodia jussit illos tueri. Exacto igitur jam tercio obsidionis mense alternisque cedibus utrique nimium fessi (nam et exercitum impe-

---

1. Le siège de Troja en Pouille eut lieu en 1021.
2. Ici cesse la première lacune du ms. lat. 10912; le ms. reprend avec les mots *Basilii territus*.

ratoris dissenteria clades opido vexaverat), tandem obsessi
meliore usi consilio invenerunt viam evadendi discri-
minis. Quadam autem die accipientes solitarium quendam, indutum monachali habitu, quibus etiam Italia
plurimum abundat, dederunt ei crucem gestare miseruntque
post illum omnes civitatis pueros minoris etatis ; sicque
exclamando Kyrrieleison, devenit ad imperatoris tentorium.
Quod audiens imperator, jussit interrogari quid sibi vellent,
cumque responsum fuisset quod misereri a se afflicte civitati
implorarent, respondit : « Optime novit ipse qui agnitor est
cordium, inquit, quoniam magis quam ego horum parvu-
lorum patres illorum sunt homicide. » Illacrimansque jussit
ut salvi in civitatem redirent. Fecerunt autem ut jusserat
imperator. Altera quoque die, iterum primo mane processerunt a civitate, ut prius clamantes Kyrrieleison, usque
dum sonoritas vocum illorum aures pulsaret imperatoris. Qui
statim egressus a tentorio respiciensque pupillorum turbam,
pietate permotus, ut erat vir sapientissimus, voce dominica
usus ait : « Misereor super turbam[1]. » Nam ante jam
dixerat quoniam, si ei contingeret capere civitatem, quicquid masculini sexus inveniretur in ea suspenderetur pati-
bulis, reliqua vero igne cremari, ipsiusque civitatis moenia
ad solum pertrahi. Preterea mandavit imperator illis qui in
civitate ceteris preerant ut, si indulgeri sibi ab eo vellent,
iramque ejus placare, ipsimet subverterent partem muro-
rum civitatis que contra suas machinas rebellis stare videbatur. Qui audientes certatim impleverunt quod eis manda-
tum fuerat. Post haec quoque precepit imperator eos
pacifice ad se ingredi murumque civitatis ab eisdem reedi-
ficari ; acceptisque pacis obsidibus ab universis regionis
illius provincialibus, reversus est Saxoniam. Normanni
quippe, cum suo duce Rodulfo reversi in suam patriam,
gratanter recepti a proprio principe Richardo. Sequenti
denique anno, mense julio[2], obiit Heinricus imperator
apud Saxoniam, sepultusque est honorifice in monasterio

---

1. *Marc.*, VIII, 2.
2. Le 13 juillet 1024.

Bavoberch quod ipse, ut dictum est, in honore apostolorum principis edificaverat.

II. DE ROTBERTO REGE FRANCORUM

5. In prescripto igitur tempore disponente Francorum regnum Rotberto rege [1], plurimas ei intulere [2] sui contumeliæ insolentias illi maxime, quos aut ex mediocri aut ex infimo genere tam ipse quam uterque Hugo ei scilicet pater [3] atque avus [4] fecerunt maximis honoribus sublimes. Inter quos fuit Odo [5] rebellionum maximus qui fuit filius Tetbaldi Carnotensis cognomento fallacis, ceterique quamplures inferioris potentiæ, qui exinde extiterunt ei rebelles, unde esse debuerant humiliores. Quorum non dispar fuit secundus Odo [6] filius scilicet prioris Odonis, qui quanto potentior tanto fraudulentior ceteris. Nam cum obisset Stephanus [7], comes Trecorum et Meldorum, Heriberti [8] filius, ipsius regis consobrinus, absque liberis, arripuit idem Odo contra regis voluntatem universa quæque latifundia in regis videlicet dominium jure cessura.

6. Fuit etiam juge litigium et bella frequentia inter ipsum Odonem et Folconem [9] Andegavorum comitem, quoniam uterque tumidus superbia idcirco et pacis refuga. Necnon etiam Willemus [10], Heinrici ducis privignus, Adalberti Longobardorum ducis filius, eidem regi aliquando rebellis

---

1. Robert, roi de France, naquit à Orléans vers 970. Son père Hugues Capet l'associa au trône dès 987 ; il fut couronné roi à Orléans le jour de Noël 987.
2. L'auteur des *Gesta Consulum Andegav.* a copié ce chapitre depuis les mots *plurimas ei contulere* jusqu'à *pacis refuga.* Cf. *Chroniques d'Anjou*, éd. Marchegay, p. 109–110.
3. Hugues Capet.
4. Hugues le Grand.
5. Eudes I, comte de Blois et de Chartres, fils de Thibaut le Tricheur, mort en 995.
6. Eudes II, fils d'Eudes I et de Berthe, fille de Conrad le Pacifique, roi d'Arles.
7. Étienne I, mort vers 1019.
8. Herbert II, comte de Champagne.
9. Foulque Nerra, comte d'Anjou depuis 987.
10. Otte-Guillaume, comte de Mâcon, fils d'Adalbert, roi d'Italie, et de Gerberge. Il devint le beau-fils d'Henri, duc de Bourgogne, que sa mère épousa en secondes noces vers 974.

extitit, favente ei Landrico Nevernis comite, qui ejus filiam
uxorem duxerat [1], et Brunone, Lingonensi episcopo, cujus
habebat in matrimonio sororem [2]. Ex qua suscepit filios et
filias, de quibus prius natam Landricus, reliquas uterque
Willemus scilicet Pictavensis [3] et Arelatensis [4] duxere
uxores; unusque filiorum ejus Rainaldus [5] nomine duxit
filiam Richardi [6] Rotomagensis ducis, Adeledam nomine,
uxorem. Qui [7] licet advena, puer etiam furtim sublatus a
Langobardorum patria matrique non mediocriter astute, per
quendam monachum redditus in Burgundia in tantum
convaluit ut in divitiis et in militia non inveniretur
secundus in patria. Sed huic plurimum adversatus restitit
Hugo, filius Lanberti Cabilonensis comitis, viri honestis-
simi, qui inter cetera que gessit optima monasterium etiam
construxit in pago Augustidunense quod dicitur Paredo [8]
in honore Sancte Marie Sanctique Johannis Baptiste, in
quo etiam sepultus honorifice quiescit. Fuit enim idem
Hugo episcopus Autissioderi [9], regensque comitatum patris
ex imperio regis, quoniam preter eum pater non habuit
sobolem sexus masculini; idcirco hostibus regis contrarius
quoniam regi fidelissimus parebat in omnibus.

7. Accepit [10] autem supradictus rex illius cognatam [11]
nomine et animo Constantiam, inclitam reginam, filiam

1. Landri, comte de Nevers, épousa Mathilde, fille aînée d'Otte-Guillaume.
Il mourut le 11 mai 1028.
2. La sœur de Brunon se nommait Ermentrude.
3. Guillaume V, duc d'Aquitaine, dit le Grand, eut pour troisième femme
Agnès, seconde fille d'Otte-Guillaume.
4. Gerberge, troisième fille d'Otte-Guillaume, épousa Guillaume II, comte
de Provence, mort en 1018.
5. Renaud I, fils d'Otte-Guillaume, lui succéda en 1027 dans le comté de
Bourgogne.
6. Richard II, duc de Normandie, mort le 23 août 1026.
7. C'est-à-dire Otte-Guillaume.
8. Paray-le-Monial, aujourd'hui départ. de Saône-et-Loire, arr. de Cha-
rolles.
9. Hugues de Chalon. Voyez plus haut l. II, c. VIII, § 16.
10. L'auteur des *Gesta consulum Andegavorum* a transcrit le texte de Raoul
Glaber depuis les mots *Accepit autem* jusqu'à *concors regine fuit* (cf. éd.
Marchegay, p. 110); mais il y a fait quelques changements qui ont été notés
dans les interlignes et les marges du ms. de Raoul Glaber, lat. 10912. — Voyez
plus loin, l. III, c. IX.
11. Dans le ms. lat. 10912, une main qui paraît être de la fin du XIIᵉ siècle a
ajouté au-dessus des mots *illius cognatam* : « neptam predicti Fulconis » ; et

videlicet prioris Willemi Aquitanię ducis, ex qua etiam suscepit filios quattuor et filias duas. Extitit tamen aliquando quidam Hugo, dictus Belvacensis, qui inter ipsum regem ejusque conjugem nequam semen odiis spargebat suique gratia premii reginam ei fecerat odiosam. Tantam denique insuper gratiam a rege consecutus fuerat ut comes palatii haberetur [1], factumque est ut die quadam rex in silva venatum iret, idem Hugo, ut semper solebat, cum illo, veneruntque missi a Fulcone, Andegavorum comite, cognato [2] scilicet ejusdem regine, fortissimi milites duodecim qui supradictum Hugonem ante regem trucidaverunt. Ipse vero rex, licet aliquanto tempore tali facto tristis effectus, postea tamen, ut decebat, concors regine fuit. Hic itaque rex ut sapientissimus Dei cultor semper fuit, humilium amator, superborumque ut valuit osor. Si qua enim pontificalis sedes in suo regno proprio viduaretur presule, cura erat ei maxima ut utilis pastor, licet genere infimus, restitueretur ecclesię potius quam nobilitatis eligeretur persona secularis pompę. Qua de causa etiam primates regni sensit plurimum contumaces, qui, despectis humilibus, sui similes eligebant superbos.

8. Fuit enim ei pax cum regibus in giro regni sui positis, maxime cum suprascripto imperatore Heinrico [3]. Nam cum aliquando ad invicem colloquendum super Mosam fluvium [4],

---

plus loin, au dessus des mots *prioris Willemi Aquitanie ducis*, « Guillelmi comitis Arelatensis natam de Blanca sorore ejus ». Ainsi, Constance, d'après ces notes, serait la fille, non pas de Guillaume V, duc d'Aquitaine, mais de Guillaume I, comte d'Arles, et la nièce de Foulque Nerra. Ces additions ne figurent pas dans le ms. lat. 6190 ; elles sont donc postérieures à la transcription de ce ms. et paraissent empruntées au texte des *Gesta consulum Andegavorum*. Cf. Helgaud, *Vie de Robert*, *Rec. des histor. de France*, t. X, p. 102 ; Yve de Chartres, lettre 221, *Ibid.*, p. 215 ; *Miracula Sancti Benedicti*, éd. de Certain, p. 148. Voyez Pfister, *Études sur le règne de Robert le Pieux*, l. I, c. II, p. 61. Le mariage de Robert avec Constance eut lieu entre 1001 et 1003.

1. Cf. Helgaud, *Vie de Robert* dans *Rec. des histor. de France*, t. X, p. 105.

2. Au dessus du mot *cognato*, dans le ms. lat. 10912 : « avunculo. »

3. Henri II, dit le Saint, duc de Bavière, élu roi de Germanie le 6 juin 1002, après la mort d'Otton III, fut couronné empereur par Benoît VIII le 14 février 1014.

4. Une première entrevue entre le roi Robert et Henri II avait eu lieu sur les bords de la Meuse en 1006. Celle que raconte ici Glaber se place en août 1023. Cf. *Gesta episcoporum Cameracensium*, III, 37.

qui limes est utriusque regni, convenissent pluresque ex
ambobus partibus musitarent indecens esse ut quis illorum,
tantorum scilicet regum, semet humilians quasi in alterius
transiret auxilium, hoc etiam fore potissimum ut in fluminis
medio navibus portarentur simul locuturi. Sed viri erudi-
tissimi illud uterque in mente habens « quanto magnus es,
humilia te in omnibus [1] », primo namque mane surgens
imperator transiit cum paucis ad regem Francorum,
nimioque amplexu semet deosculantes, sacramentisque
missarum decenter ab episcopis in conspectu illorum
celebratis, prandere simul utrisque congruit. Expleto
quoque prandio, obtulit Rotbertus rex immensa munera
auri atque argenti et preciosarum gemmarum Heinrico,
centum insuper equos honestissime faleratos, super unum-
quemque lorica et galea, mandans insuper tantum illorum
amiciciam minuere quantum contingeret ex omnibus illi
relinquere. At Henricus, cernens amici liberalitatem,
suscepit ex illis tantum librum evangelii, auro et lapidibus
preciosis insertum, ac philaterium simile factum continens
dentem sancti Vincentii levite et martyris ; uxor vero illius
pares auri tantum naves accepit. Cetera autem egrediens in
gratia dimisit. Sequenti igitur die iterum rex Rotbertus
cum episcopis, transiens ad imperatoris tentoria, qui eum
satis sublime suscipiens, expletoque simul prandio, centum
libras ei ex auro puro obtulit. Rex quoque pares tantum
naves auri ex illo sumpsit, firmatoque uterque pacto ami-
cicie rediere ad propria. Ab aliis quoque regibus satis
gratifice fuit semper habitus, Adalrado, scilicet rege Anglorum [2], et Rodulfo, rege Austrasiorum [3], necnon et Sancto
rege Navarriae Hispaniarum [4]; mittebantque ei munera et
petebant ab eo auxilia.

---

1. *Eccl.* III, 20.
2. Ethélred II, roi d'Angleterre en 978, dépouillé de sa couronne en 1014 par
Suénon, roi des Danois, et rétabli en 1015 ; mort le 23 avril 1016.
3. Il s'agit de Rodolfe III, roi de Bourgogne, qui succéda à son père Conrad
le Pacifique en 993.
4. Sanche III, dit le Grand, roi de Navarre de 1000 à 1035.

III. DE STELLA COMETE QUĘ APPARENS PLURIMA PORTENDERIT.

9. Apparuit igitur prefati regis tempore in occidentalis aeris parte stella quę vocatur cometis, septembrio mense, incipiente nocte, perdurans spacio trium fere mensium. Quę scilicet nimia claritate fulgens maximam aeris partem sibi inlustrando vendicabat, usque dum circa galli cantum occumberet. Sed utrum noviter a Deo stella mittatur, seu ab eodem ob gratiam portenti alicujus stellę lumen multiplicius augeatur, ipsi soli scire competit, qui cetera indicibiliter sua sapientia disponit. Illud tamen habetur probatissimum, quoniam, quotiens hujusmodi hominibus ostenditur fieri in mundo, paulo post quoddam mirum atque terribile patenter innuitur.

10. Denique contigit in proximum ęcclesiam Beati Michahelis archangeli [1] cremari incendio, quę, scilicet constituta in quodam promuntorio litoris Oceani maris, toto orbe nunc usque habetur venerabilis. Nam et inibi certissimum conspicitur videlicet ex incremento atque decremento lunari, eundo ac redeundo, processu mirabili in giro ejus promuntorii reuma scilicet Oceani. Cujus etiam maris excrementum *malinas* vocant, decrementum quoque *ledones* nuncupant; atque ob hoc maxime predictus locus a plurimis terrarum populis sepius frequentatur. Est etiam non longe a predicto promuntorio fluviolus cognomento Arduus [2] qui, post haec paululum excrescens, per aliquod temporis spacium intransmeabilis effectus, atque ad predictam ęcclesiam ire volentibus viam plurimum impediens, aliquantisper ejusdem itineris obstaculum fuit; postmodum vero in sese rediens profundissime litus suo cursu fulcatum reliquit.

11. His ita gestis, contigit ut venerabilis Abo, pater monasterii Sancti Benedicti Floriacensis cognominati [3],

---

1. Monastère de Saint-Michel au Péril de la Mer.
2. L'Ardre.
3. Abbon, élu abbé de Fleury-sur-Loire en 988, mort en 1004.

gratia propagandę religionis monasticę, in provintiam transiret meridianorum Wasconum. Cumque illuc deveniens in quodam moraretur coenobio ibique more solito ea quę Dei sunt sedule exerceret, nimio a cunctis venerabatur affectu. Accidit igitur die quadam ut in atrio ejusdem coenobii [1], exardescentibus quorumdam litigiosorum irarum stimulis, nimium acer oriretur tumultus; dumque vir reverentissimus predictus, videlicet Abo, comperiens ad eundem tumultum sedandum, pugillares gerens in manibus tabellas cum stilo processisset, unus e vulgo afflatus spiritu diabolico irruens in eum ejusque latus lancea perforans Christi martyrem fecit. Qui etiam, ut fertur, paulo post arreptus a doemone miserabiliter vitam finivit. Corpus vero predicti patris tam sui quam ceteri quique fideles ejusdem provintię honorifice inibi sepelierunt, ubi etiam ad laudem sui nominis perplura postmodum Dominus largitus est hominibus beneficia.

12. Tunc igitur temporis, in Italia atque in Galliis, plerique episcoporum nonnulla inter se de diversis questionibus habuere synodorum conciliabula. Nam de jejuniis, quę plerique fidelium scilicet inter Ascensionem Salvatoris et Pentecosten observant, ita decreverunt ut ne per imperium sacerdotum fierent, excepto sabbato Pentecosten, et a quibus fieri vellent ne prohiberentur fieri. Simulque incidit questio, cur monachi per tres vel quattuor dominicas dies ante diem Nativitatis dominicę seu quadragesimalis observationis tempore ymnum scilicet *Te Deum laudamus* decantarent contra morem Romanę ecclesię. Qua videlicet questione aggressi tam abbates quam monachi responderunt se pro nulla re illud agere nisi ex beati Benedicti nominatissimi atque excellentissimi patris preceptione. Cujus etiam actus simul et dicta a summo Romanorum pontifice, videlicet Gregorio, haberentur descripta ac laudabiliter roborata. His denique compertis episcopi, usus monachorum

---

1. A l'abbaye de la Réole. Cf. *Vita S. Abbonis, auctore Aimoino*, dans Mabillon, *Acta sanctor. ordin. S. Benedicti*, saec. VI, I, p. 54.

:utenticus ex more viguit. Necnon etiam de die Adnuntia-
tionis dominicę, qui celebratur octavo kalendarum Aprilium [1], si forte quolibet alio tempore prêter quadragesimam
excoli congruentius potuisset ab eisdem pontificibus non
parva inlata est questio. Ferebatur enim a quibusdam
eandem videlicet Adnuntiationem dominicam Hispaniorum
more quinto decimo kalendarum Januariarum [2] die irre-
prehensibiliter posse celebrare. Nam cum ego postmodum
in monasterio Cluniacense cum ceteris fratribus degerem,
convenerunt illuc ab Hispaniis quamplures honestę conversationis jamdudum more viventes proprię regionis monachi.
Propinquante vero die Nativitatis dominicę, petierunt
predicti monachi venerabilem Odilonem, ejusdem loci
abbatem, ut more suorum liceret eis dominicam celebrare
Annuntiationem. Quod cum fecissent segregati a ceteris,
visum est nocte eadem duobus senioribus loci quod unus de
Hispanis fuscina focaria arriperet desuper altare puerum,
mitteretque illum in sartaginem prunis plenam ita claman-
tem : « Pater, pater, quod tu dedisti isti auferunt. » Quid
plura; apud nos antiqua consuetudo, uti decebat, prevaluit.

IV. DE INNOVATIONE BASILICARUM [3] IN TOTO ORBE.

13. Igitur infra supradictum millesimum tercio jam ferę
imminente anno [4], contigit in universo penę terrarum orbe,
precipue tamen in Italia et in Galliis, innovari ecclesiarum
basilicas; licet pleręque decenter locatę minime indiguis-
sent, emulabatur tamen quęque gens christicolarum adversus alteram decentiore frui. Erat enim instar ac si mundus
ipse, excutiendo semet, rejecta vetustate, passim candidam
ecclesiarum vestem indueret. Tunc denique episcopalium
sedium ecclesias pene universas, ac cetera quęque diversorum sanctorum monasteria, seu minora villarum oratoria
in meliora quique permutavere fideles.

1. 25 mars.
2. 18 décembre.
3. Le ms. lat. 6190 porte *ecclesiarum*.
4. L'an 1002 ou 1003.

14. Eo quoque tempore, inter cetera, Beati Martini Turonis monasterium emicuit, a venerabili scilicet viro Heriveo ejusdem loci archiclavo eversum atque ante ipsius obitum mirifico opere reedificatum. De cujus etiam vita et conversatione qualis a puericia usque ad presentis vite terminum extiterit, si quis referre quivisset, pleniter incomparabilem hujus temporis ostenderet virum, hominibus. Duxit enim ex nobilibus Francorum, mente nobilior ipse, prosapiam, et ut lilium vel rosa de spinis, de ferocioribus secundum sanguinem patrie fuit. Qui, ut generosioribus mos est, nobiliter educatus dehinc vero scolis artium liberalium applicatus, sed intelligens ex his plerosque plus fore contumaces quam divine oboedientie subditos, sufficere sibi credidit si exinde salutem anime reportaret. Relictis autem pompatice scientie studiis, ad quoddam monasterium clam ingrediens, monachum se fieri satis devote postulavit. Sed quoniam, ut diximus, clari erat generis; idcirco parentum minas pertimescentes nullo modo acquieverunt fieri, quod poposcerat, fratres ejusdem monasterii. In hoc tamen illum servantes ei fidem dederunt, ut, si vis non obstaret parentum scilicet ipsius, libentissime quod petebat explerent. Tandem inibi commorans, qualis postmodum futurus esset dans sanctitatis indicium, universisque ibi degentibus imitabile prebuit exemplum. Comperiens vero pater ejus quod fecerat, furore arreptus, venit ad predictum monasterium, filium exinde abstracturus; revera potioribus lucris inservientem, satisque verbis redargutum vim ei faciens, duxit illum inde secum usque in regis curiam, ipsumque regem obsecrans ut ejus animum ab hac intentione honorum sponsionibus revocaret. Quem cernens rex videlicet Rotbertus, ut erat pius ac religiosus, dulcius illum exhortans qualiter bonum propositum mente integra conservare satageret atque in presens Beati Martini ecclesie archiclavum esse precepit, cupiens illum postmodum ceteris imitabilem constituere pontificem. Id denique multoties pertemptatum est, sed, ipso rennuente, effectu caruit. Suscepta quippe ac si coactus ecclesie cura, vesteque alba tectus, interdum more canonico mentem tamen et vitam pleniter possedit

monachicam. Nam semper ad nudum, tectus cilicio, inre-
fragabili macerans corpus jejunio, sibi parcissimus, largus
pauperibus, vigiliis et orationibus instabat assiduus.

15. Preterea vir Deo plenus mente concepit ut ecclesiam,
cui custos adscitus fuerat, amplioris altiorisque totius
operis corpore sublimaret. Sancto itaque Spiritu se docente
designavit latomis incomparabilis jactare fundamentum
operis quod ipse, ut optaverat, ad perfectum duxit. Expleto
itaque opere, accersitisque plurimarum urbium episcopis,
opus predictum Deo consecrari studuit, ipsoque die sanctum
Dei confessorem Martinum intro, sicut decebat, reposuit.
Venerabatur enim eodem die preterite dedicatio basilice,
quarto videlicet nonarum mensis Julii. Fertur etiam quoniam idem vir Domini, Heriveus, ante aliquot dies prefate
translationis Dominum rogavisset ut ad ostensionem dilec-
tionis sponse sue ecclesie per Beatum Martinum, ut olim
fecerat, quodcumque miraculum dignaretur demonstrare.
Cui in oratione prostrato apparuit idem confessor, blan-
do usus alloquio, ita inquiens : « Hoc quod petis, fili dilec-
tissime, scito potiora posse te apud Dominum impetrare,
sed tempori huic sufficere debent exibita dudum miracula,
quoniam contiguum instat prius exsparsi seminis collecture
messis. Sola enim animarum erigens medela exoranda est
universis. Pro his enim Domini misericordiam obsecrare
minime omitto. Nam et pro his noveris me apud Dominum
precipue intervenire qui illi assidue in presenti serviunt
ecclesia. Quidam enim illorum, plus justo presentis seculi
implicati negociis, armis insuper militaribus famulantes,
quibus trucidati in prelio deciderunt. De quibus nolo te
lateat quoniam vix apud Christi clementiam obtinui, ut
crepti de ministris tenebrarum locis refrigerii ac lucis
sistere mererentur. Ceterum tu delectabile domino votum
ut ceperas exple. » Superveniente igitur designato die,
congregatisque episcopis et abbatibus, cum innumera
multitudine fidelium utrorumque sexuum et ordinum, priusquam inciperent sacra fieri, vir reverentissimus Heriveus
sanctioribus qui convenerant sacerdotibus hoc quod ei

revelatum fuerat manifestare curavit. Peracta vero ex more sacratione, omnibus utensilibus rite compositis, coepit idem vir artioris vitę macerationibus sese conterere, atque solitarius in exigua penes ęcclesiam cellula psalmis et orationibus vacans degere. Qui cum post haec anno IIII[to] cognovisset se in brevi migraturum a seculo, jam jamque egrotare coepisset, ac plures ad eum visitandi gratia concurrerent, simulque prestolantes in ejus discessu aliquod fieri videre miraculum, utpote qui tanti meriti presciebant virum. Ipse vero mente sagaci predixit illis ac monuit ut alia curarent signum quodque minime essent visuri ne expectarent; pro se potius obsecrabat ut piissimum Dominum attentius orarent. Jam siquidem propinquans sui exitus horam, erectis in caelum manibus et oculis, creberrime dicebat : « Domine miserere, Domine miserere! » Sicque inter haec verba ultimum efflavit spiritum, sepultusque est in eadem ęcclesia in eo scilicet loco ubi primitus beatus Martinus sepultus quieverat.

V. DE MONASTERIIS REEDIFICATIS BENE A WILLEMO ABBATE VEL INSTITUTIS.

16. Claruit eo in tempore in predicta domorum Dei melioratione venerabilis abba Willemus [1], a beato siquidem Maiolo primitus ęcclesię sancti martyris Benigni pater constitutus. Quam videlicet ecclesiam ilico tam mira locatione permutavit ut hujuscemodi alter difficile queat inveniri. Regulari etiam districtione non minus effloruit atque incomparabilis hujus ordinis suo tempore propagator extitit. Sed quantum pro hac re diligebatur a religiosis et piis, tanto magis detrahebatur insidiabaturque a fraudulentis et impiis. Fuit enim ex Italia ortus, nobilem ducens a parentibus prosapiam, nobilior tamen inlustrem per

---

1. Guillaume, Italien de naissance, fut amené en 987 au monastère de Cluny par l'abbé Maïeul ; il fut mis à la tête de l'abbaye de Saint-Bénigne de Dijon en 990 et mourut en 1031. Raoul Glaber a écrit une vie de saint Guillaume, imprimée dans Mabillon, *Acta Sanctor ordin. S. Benedicti*, saec. VI, I, p. 320 ; dans les Bollandistes, *Acta Sanctorum*, Janvier, t. I, p. 57 ; dans Migne, *Patrol. latine*, vol. CXLII, col. 697.

assecutam scientiam. Nam in eodem territorio, scilicet in
fundo qui ei parentum jure debebatur, prius vocato Vul-
piam, construxit monasterium totius gratiae abundantissi-
mum, postea ab ipso mutato nomine Frutuariense [1] cognominatum. Quod cum multigenis locupletasset beneficiis,
constituit ibi monachorum patrem, per omnia se imitantem,
nomine Johannem. Erat enim predictus Willemus acer
ingenio et insignis prudentia; idcirco summum in palaciis
regum ac ceterorum principum obtinebat locum. Quodcumque denique monasterium proprio viduabatur pastore,
statim compellebatur tam a regibus vel comitibus quam a
pontificibus, ut meliorandi gratia illud ad regendum susciperet, quoniam ultra cetera divitiis et sanctitate ipsius
patrocinio assumpta cernebantur excellere monasteria.
Ipse quoque firma testabatur assertione quia, si hujus
institutionis tenor quocumque loco a monachis custodiretur, nullam omnino indigentiam cujusque rei pateren-
tur. Quod etiam evidentissime declaratum est in locis sibi
commissis.

17. Fertur siquidem eadem institutio ususque hujus
consuetudinis ex sancti patris Benedicti monasteriis vel
regula exordium habuisse, atque per beatum Maurum ipsius
videlicet discipulum ad nostrum, id est Gallicanum territorium, delatam fuisse. Extat etiam veridica relatio quoniam,
post beati Mauri obitum, succedenti tempore, hostium
infestationibus expulsi monachi a monasterio cognomento
Glannofolio, quod ipse construxerat, sicut in ejus gestis
habetur, in Andegavense territorio, venientesque ad monasterium sancti Savini confessoris Pictavensis tulerunt secum
totam quę valuere suppellectilem, ibique per aliquod
spacium temporis ea quę didicerant operam dedere, rursusque illo frigescente ejusdem districtionis tenore apud
monasterium Sancti Martini Augustudunensis suscepta
dinoscitur aliquoties viguisse [2]. Deinde vero quasi terna

---

1. L'abbaye Saint-Bénigne du Fruitier, dans le diocèse d'Yvrée en Piémont.
2. Le sujet de *dinoscitur* est *haec institutio*, qui est sous-entendu.

transmigratione in superiore Burgundia locatum Balmense [1] occupavit monasterium.

18. Ad ultimum quoque predicta videlicet institutio jam pene defessa, auctore Deo, elegit sibi sapientię sedem, vires collectura ac fructificatura germine multiplici in monasterio scilicet cognomento Cluniaco. Quod etiam ex situ ejusdem loci adclino atque humili tale sortitum est nomen; vel etiam quod aptius illi congruit, a cluendo dictum, quoniam cluere crescere dicimus. Insigne quippe incrementum diversorum donorum a sui principio in dies locus idem obtinuit. Construxit igitur predictum coenobium [2] primitus pater monachorum supradicti Balmensis monasterii Berno vocatus, jubente Willemo piissimo Aquitanorum duce [3], in pago Matisconense, super Graonam [4] fluviolum. Quod etiam coenobium in primo non amplius quam quindecim terrę colonias dicitur in dotem accepisse; fratres tamen duodecim numero inibi memorantur convenisse. Ex quorum veluti optimo semine multiplicata stirps Domini exercituum innumerabilis magnam orbis plagam cognoscitur replesse. Qui quoniam his, quę Dei sunt, videlicet justiciae et pietatis operibus incessanter adheserunt; idcirco bonis omnibus repleri meruerunt; insuper et futuris imitabile reliquerunt exemplum. Nam post prefatum Bernonem suscepit regiminis curam [5] sapientissimus abba Odo, vir per omnia religiosissimus, qui fuerat Sancti Martini Turonis ecclesię prepositus, moribusque et conversatione sanctitatis valde ornatus. Hic enim in tantum hujus instituti propagator extitit, ut a Beneventana provintia quęque habebantur in Italia et in Galliis usque Oceanum mare potiora monasteria illius dicioni gratularentur esse subjecta. Post cujus obitum [6], successit Heimardus, vir simplex, in ipsius locum, qui licet non adeo famosissimus regularis

---

1. Abbaye de la Baume au diocèse de Besançon.
2. En l'an 910.
3. Guillaume le Pieux, mort en 918.
4. La Grosne.
5. En 927.
6. Eudes, abbé de Cluny, mourut en 942.

tamen observantię non impar custos. Post hunc quoque
sanctus ac venerabilis eligitur Maiolus, cujus superius
memoriam fecimus [1], qui etiam successorem sibi monachorum patrem previdit Odilonem [2]. Hic et enim quintus a
primo Berno abba extitit predicti Cluniensis coenobii. Ex
quo videlicet coenobio per diversas provintias fratres sepius
petiti atquę monachorum patres ordinati plurimum Domino
adquisivere lucrum. Hic tamen pater, scilicet Willemus, de
quo in presentiarum sermo exordium habuit pre omnibus
exinde precedentibus prescriptę institutionis laboriosior ac
spermologius fructificatior est repertus.

VI. DE SANCTORUM PIGNORIBUS UBIQUE REVELATIS.

19. Candidato igitur, ut diximus, innovatis ęcclesiarum
basilicis universo mundo, subsequenti tempore, id est anno
octavo infra predictum millesimum [3], humanati Salvatoris
annum, revelata sunt diversorum argumentorum indiciis
quorsum diu latuerant plurimorum sanctorum pignora.
Nam veluti quoddam resurrectionis decoramen prestolantes
Dei nutu fidelium obtutibus patuere, quorum etiam
mentibus plurimum intulere solamen. Haec enim revelatio
primitus in Senonica Galliarum urbe, apud ęcclesiam
beati martyris Stephani, dignoscitur cepisse. Cui etiam
preerat archipresul Leotericus [4], a quo scilicet admiranda
relatu reperta sunt ibi antiquorum sacrorum insignia :
quippe inter cetera perplura, quę latebant, dicitur
virgę Moysi invenisse partem. Ad cujus rei famam
convenerunt fideles quique, non solum ex Gallicanis pro-
vintiis, verum etiam ex universa pene Italia ac de transmarinis regionibus ; simulque egrotantes non pauci sanctorum
interventu exinde redierunt incolumes. Sed, ut sepissime
contigit, quoniam unde humana utilitas sumit exordium,
cupiditatis vicio impellente, exinde solet incurrere casum.

---

1. Cf. l. I, c. IV, § 9.
2. Voyez plus haut p. 1, note 1.
3. An 1008.
4. Leotericus, archevêque de Sens de 1000 à 1032.

Nam predicta urbs conventu populorum, ut diximus, gratia
pietatis effecta opulentissima, conceperunt illius habitatores
nimiam pro tanto beneficio insolentiam.

20. Siquidem mortuo ipsius civitatis comite Frotmundo
nomine, viro eque simplicissimo, suscepit ejus filius [1]
principatum, satis nequam res civiles dispositurus. Nimium
quippe flagitiosus effectus, ecclesię insuper decus nisu quo
valebat foedare temptabat. Judeorum quoque in tantum
prevaricatorias diligebat consuetudines ut se regem ipsorum
suo prenomine (Rainardus quippe dicebatur), suis omnibus
imperaret. Cum enim in ceteris mendacissimus, etiam
christianę fidei insidiosus habebatur detractor, atque ideo
pauperum judicia absque ulla promulgabat pietate, penitus
humanitate remota. Nam rei, quam dicturus sum, tot testes
extiterunt quanti in eadem civitate eo tempore vivebant
homines.

21. Comprehensus aliquando flagiciosus quidam furtum
faciens ductusque ad eum ut ejus audientia, quid de eo facien-
dum esset, assignaretur : qui statim, omni miseratione
remota, suspendi in patibulo illum adjudicavit. At ipse qui
deprehensus fuerat lacrimabiliter predictum Rainardum
rogare coepit ut ei ad presens vitam indulgeret, promit-
tensque se deinceps non latrocinaturum ; sed ne quicquam.
Crudelior quippe fiebat, sacramentis etiam se obstringens
non ultra victurum obsecrantem se miserum. Qui videns
minime posse prolatam de se immutare sententiam, hoc
solummodo impetravit ut predicto fieret confessus suorum
facinorum episcopo, sibique protinus morituro, quod hujus
ministerio concessum est, clementer remitteret. Quod ut
optinuit, ilico a nequam ministris compellitur suspensum
iri ; eductusque ad constitutum locum haec verba sepius
iterabat : « Domine Ihesu, qui in hac die pependisti in
cruce pro salute hominum, indulge mihi. » Erat enim ille
dierum sextus, qui idcirco fidelibus universis reverentior

---

1. Rainard. Cf. Clarius, *Chronicon S. Petri Vivi*, dans *Rec. des histor. de
France*, t. X, p. 223.

habetur. Esto; vincitur, elevatur, artatoque suspenditur
gutture. Cunctisque ab hac funesta, ut putabant, exsecu-
tione recedentibus, pendens velut exanimis mansit in diem
alterum. Tunc nutu divino, ruptis ligaminibus, suscepit
terra solutum hominem pariter et vivum, qui cogebatur
subire necem sibi sublatus per aeris vacua. Qui egressus
civitatem stupidum universis prebuit spectaculum. Sed heu!
proh dolor! ad pristina reversus flagitiosus evasit.

22 Cui rei simile fertur contigisse in Tricasina civitate
non longo ante tempore. Nam dum quidam fures boves pre
se minantes a dominis boum insequi se intellexissent, commi-
serunt eosdem boves viro cuidam seni et innocenti, quasi
victus necessaria quesituri, revera fuge presidium petentes
evasuri. Quod cum fecissent, statim deprehensus est senex
cum bobus; trahitur, ceditur ac reorum more vincitur,
ductusque ad principem civitatis comitem, videlicet Heribertum [1], vult causam discutere; non auditur, quin potius
ac si cruda senectute reus, necis suspendio ab eodem comite
adjudicatur; quodque etiam absque ulla dilatione peractum
est. Sed mox ut suspendium pertulit mirum in modum [2]
juvenca magni et pervalidi corporis, erecto corpore cornua
suspensi plantis subposuit sicque per triduum sine dolore
vivum sustinuit. Expletoque triduo, audivit is qui pendebat
viatores juxta pretereuntes sermocinari adinvicem. Qui
exclamans voce qua potuit ad deponendum se quantotius
venire rogabat. Illi vero audientes doemonica fieri illusione
credebant. Proclamante quoque ipso attentius, seque vivere
affirmante, occurrerunt viri, solventes illum deposuerunt.
Qui perductus ad civitatem, dum percunctaretur quomodo
tandem in patibulo pendens sese habuisset aiebat : « Dum
essem, inquiens, juvenior, accepta jam conjuge excepi cum
ipsa oblatum mihi a quodam de sacro fonte filiolum, cui
etiam consensimus dare ex nostra parva facultatula, quem
solum de matre susceperamus liberali gratia, vitulum unum.

---

1. Herbert II.
2. Le ms. lat. 10912 porte *immodum*, corrigé en *in modum* par le ms. lat.
6190.

Ut enim pridem sum dimissus celsa de trabe pendere, visa
est mihi grandior universis occurrisse, extensoque corpore
atque erecta cervice, leniter meis submisit cornua plantis
ac me hujusmodi quamdiu pependi sustinuit. » Hoc vero
illo, qui servatus a morte fuerat, referente, ad illius
exemplum data est postmodum in giro filiolis fontis sacrae
fidei vitulorum innumera multitudo.

23. Preterea Rainardo, ut diximus, judaizante, quin
potius insaniente, suasum est regi, qui videlicet illum
frequenter ob suam improbitatem redarguerat, ut scilicet
tantae civitatis principatum regio subjugaret dominio, ne
siquidem diutius vires pessimi incrementi sumeret scanda-
lum sacrae fidei. Qua ratione rex compulsus misit exercitum
qui predictum Rainardum a civitate pellerent, sibique illam
tuendam servarent. Venientes vero qui missi fuerant a rege
coeperunt urbem cum nimia depopulatione, partem etiam
ejus non modicam incendio cremavere [1]. Superavit siquidem
magnitudinem prioris gaudii pro merentibus flagiciis
enormitas calamitatis.

VII. DE EVERSIONE TEMPLI IHEROSOLIMORUM ET CEDE
JUDEORUM.

24. Eo quoque tempore, id est anno nono post prefatum
millesimum [2], ecclesia, que apud Hierosolimam sepulchrum
continebat Domini ac Salvatoris nostri, eversa est funditus
jussu principis Babilonis. Cujus videlicet eversionis occasio
tale quod dicturi sumus cognoscitur exordium habuisse.
Cum enim de toto terrarum orbe ob insigne dominicum
memoriale plurima fidelium multitudo Hierosolimam visita-
turi pergerent, rursus coepit invidus diabolus per assuetam
sibi Judeorum gentem vere fidei cultoribus venenum sue

1. En 1016. Cf. Clarius, *Chronicon S. Petri Vivi*, dans *Rec. des histor. de
France*, t. X, p. 223.
2. D'après la Chronique de Moudjir ed-dyn, c'est en l'an 398 de l'hégire, soit
1007 de J.-C., que le calife fatimite d'Egypte El-Hakem-bé-amr-Allah ordonna
la destruction de l'église du Saint-Sépulcre. (Sauvaire, *Hist. de Jérusalem et
d'Hébron*, p. 67.) Adémar de Chabanne rapporte la destruction de l'église du
Saint-Sépulcre à l'année 1010. Cf. *Chronicon Ademari Cabanensis*, dans *Rec.
des histor. de France*, t. X, p. 152.

nequitię propinare. Erat igitur hujus generis apud Aurelianensem Galliarum regiam urbem non modica multitudo ;
qui ceteris suę gentis tumidiores et invidi atque audatiores
sunt reperti. Hi denique nequam consilio inito corruperunt
quendam, data pecunia, videlicet girovagum, sub peregrino
habitu, nomine Rotbertum, fugitivum utique servum Beatę
Marię Melerensis cęnobii [1]. Quem accipientes caute miserunt ad principem Babilonis cum hebraicis caracteribus
scriptis epistolis, pictaciolis ferri baculo insertis, ne quo
casu potuissent ab eo divelli. Qui egressus detulit litteras
predicto principi refertas dolo et nequitia, et quoniam nisi
celerius domum Christianorum venerabilem subverteret,
sciret se in proximum Christianis regnum illius occupan-
tibus omni penitus dignitate carere. His vero princeps
auditis, protinus furore arreptus, misit Hierosolimam de
suis qui predictum funditus subverterent templum. Qui
venientes fecerunt, ut eis fuerat imperatum; ipsum quoque
concavum sepulchri tumulum ferri tuditibus quassare temptantes, minime valuerunt. Tunc etiam beati martyris Georgii
ecclesiam in Ramulo pariter subverterunt, cujus olim virtus
Sarracenorum nimium gentem terruerat; fertur enim crebro
illuc eos ingredi cupientes raptum cecitatem pertulisse.
Everso igitur, ut diximus, templo, post paululum manifeste claruit quoniam Judęorum nequitia tantum sit nefas
patratum. Utque divulgatum est, per orbem universum,
communi omnium Christianorum consensu decretum est ut
omnes Judęi ab illorum terris vel civitatibus funditus pel-
lerentur. Sicque universi odio habiti, expulsi de civitatibus,
alii gladiis trucidati, alii fluminibus necati, diversisque mor-
tium generibus interempti, nonnulli etiam sese diversa cede
interemerunt; ita scilicet ut digna de eis ultione peracta, vix
pauci illorum in orbe reperirentur Romano. Tunc quoque
decretum est ab episcopis atque interdictum ut nullus
Christianorum illis se in quocumque sociaret negocio. Si
qui tamen de illis ad baptismi gratiam converti voluissent,

---

1. Moutiers, monastère du diocèse d'Auxerre, aujourd'hui dans le dép. de
l'Yonne, canton de Saint-Sauveur.

omnemque judaicam respuere consuetudinem vel morem,
illos tantum suscipere decreverunt. Quod et fecerunt plurimi
illorum magis amore presentis vitę coacti metu mortis
quam vitae sempiternę gaudiis. Nam quicumque illorum
sese tales mentiendo fieri poposcerant paulo post ad morem
pristinum sunt impudenter reversi.

25. Preterea his ita gestis, predictus litterarum bajulus ad
nativum male securus repedavit solum. Coepit itaque sedule
perquirere si forte quempiam gentis suę fraudis conscię
repperiret. Inventis vero perpaucis in civitate Aurelianorum
pavide admodum degentibus, rursus coepit illorum familia-
rius uti consortio. Accidit igitur ut peregrinus quidam ejus
in transmarino socius itinere atque certissime illius itineris
conscius negocii, illuc deveniret, rursusque illum Judęorum
amicitiis [1] nimis herere cerneret, palam universis indicare
curavit quanti mali gerulus ille esset homuntio, et cujus rei
causa Judęorum potiretur opibus. Qui ilico comprehensus
acrisque agitatus verberibus proprię delationis confitetur
crimen; moxque a ministris regis in conspectu totius plebis
extra civitatem igni est traditus atque consumptus [2]. Judęi
tamen profugi ac vagabundi, qui in locis abditis delites-
centes predictę superfuerant cladi, post quinquennium
eversionis templi cęperunt in urbibus apparere perpauci.
Et quoniam oportet, quamvis ad illorum confusionem, ut ex
illis aliqui in futurum supersint, vel ad confirmandum
proprium nefas seu ad testimonium fusi sanguinis Christi;
idcirco vero credimus Christianorum animositatem, divina
dispensante providentia, in eis ad tempus mansuevisse.
Eodem nichilominus anno, divina propitiante clementia,
cepit mater ipsius principis, videlicet Ammirati Babilonis,
mulier christianissima, nomine Maria, reędificare Christi
templum, jussu ejus filii eversum, politis et quadris lapidibus. Nam et vir ipsius, quasi alter Nichodemus, pater hujus
scilicet, de quo presens est sermo, habitus occulte Chris-

---

1. Le ms. lat. 10912 porte *amiciis*. Corr. *amicitiis* d'après le ms. lat. 6190.
2. Cf. Adémar, III, 47.

tianus dicitur fuisse. Tunc quoque de universo terrarum
orbe incredibilis hominum multitudo, exultanter Iherosolimam pergentes, domui Dei restaurandę plurima detulerunt munera.

VIII. DE HERESE APUD AURELIANIS REPERTA.

26. Tertio de vicesimo [1] infra jam dictum millesimum
anno reperta est apud prefatam Aurelianensem urbem cruda
nimium atque insolens heresis quę scilicet diutius occulte
germinata in perditionis segetem male pullulans [2] plures
in suę cecitatis precipitavit laqueum. Fertur namque a
muliere quadam ex Italia procedente hęc insanissima,
heresis in Galliis habuisse exordium, quę, ut erat diabolo
plena, seducebat quoscumque valebat, non solum idiotas ac
simplices, verum etiam plerosque qui videbantur doctiores
in clericorum ordine. Quę scilicet veniens civitatem Aurelianensem, dum moraretur ibi per aliquot spacium temporis,
veneno suę nequitię plures infecit. Quod etiam seminarium
nequam in pluriores hi qui susceperant toto conamine
spargere nitebantur. Fuerunt nempe hujus perversi dogmatis heresiarces duo, heu proh dolor [3]! qui in civitate puta-
bantur genere ac scientia valentiores in clero, quorum unus
Heribertus [4], alter Lisoius dicebatur. Hi denique quamdiu
res latuit tam apud regem quam apud palacii proceres
summam obtinuerant amicitiam; nempe iccirco facilius
quosque decipere potuerunt, quorum mentes amor fidei
universalis minus adstrinxerat. Qui non solum in predicta
urbe sed etiam in vicinis urbibus malignum dogma spargere
temptabant, dum quendam sane mentis in Rotomagorum
civitate presbiterum, cupientes sue consortem facere

---

1. C'est-à-dire 1022 en comptant l'an 1000 comme la première des 23 années
indiquées ici. Cf. Diplôme de Robert dans *Rec. des histor. de France*, t. X,
p. 607; *Miracula Sancti Benedicti*, éd. de Certain, p. 246.
2. Le ms. lat. 10912 porte *pupullans* corrigé en *pullulans* par le ms. lat. 6190.
3. Après les mots *proh dolor* commence une seconde lacune dans le
ms. lat. 10912, qui finit avec les mots *plura idemtidem* dans le même chapitre,
§ 28, p. 77.
4. Il faut lire *Stephanus*. Herbert est un autre hérésiarque mentionné avec
Etienne et *Lisoius* dans les actes du concile d'Orléans de 1022. Cf. *Gesta Synodi
Aurelianensis*, dans *Rec. des histor. de France*, t. X, p. 536.

vesanie, missis legatis qui ei omne secretum hujus perversi
dogmatis explanantes docerent; dicebant nempe fore in
proximum in illorum scilicet dogma cadere populum
universum. Quibus compertis, presbiter sollicite perrexit
ad christianissimum comitem ejusdem civitatis Richardum;
exposuit ei omnem rei ut compererat ordinem. Qui videlicet
comes protinus misit celeriter ad regem, palam ei faciens
clamdestinam in regno proprio Christi ovium pestem. Ut
autem cognovit rex, scilicet Robertus, ut erat doctissimus
ac christianissimus, tristis ac merens nimium effectus,
quoniam et ruinam patrie revera et animarum metuebat
interitum. Iccirco quantotius Aurelianis properans, convocatis plurimis episcopis et abbatibus ac religiosis quibusque
laicis, acerrime cepit perscrutari qui essent auctores hujus
perversi dogmatis, vel qui parti illorum jam decepti
consentirent [1]. Facta igitur perscrutatione inter clericos
quomodo unusquisque sentiret et crederet ea que fides
catholica per doctrinam apostolicam incommutabiliter servat
et predicat, illi duo, videlicet Lisious et Heribertus, statim
se aliter sentire non negantes, quales diu latuerant mani-
festaverunt. Deinde vero plures post illos se parti istorum
profitebantur herere, nec ulla ratione se posse affirmabant
ab illorum segregare consortio.

27. Quibus compertis, tam rex quam pontifices tristiores
effecti, interrogaverunt illos secretius, utpote viros actenus
in omni morum probitate perutillimos, quorum unus Lisoius
in monasterio Sancte Crucis clericorum carissimus habebatur, alter idem Heribertus Sancti Petri ecclesie cognomento Puellaris, capitale scole tenebat dominium. Qui dum
interrogati fuissent a quo vel unde eis ista presumptio
accidisset, hujusmodi dederunt responsum : « Nos enim
diu est quod sectam, quam vos vel jam tarde agnoscitis
amplectimur, sed tam vos quam ceteros cujuscumque legis
vel ordinis in eam cadere expectavimus, quod etiam adhuc

---

1. Cf. *Chronicon Sancti Petri Vivi Senon.*, dans *Rec. des histor. de France*,
t. X, p. 224; et *Gesta Synodi Aurelianensis, Ibid.*, p. 536.

fore credimus. » His dictis, continuo palam exposuerunt
omnium antiquarum stultissimam ac miserrimam, nempe
sui deceptricem heresem. Cujus videlicet raticinatio tanto
minus erat idoneis sermonibus obnixa, quanto constat esse
illi ter veritati contrariam. Dicebant ergo deliramenta esse
quicquid in veteri ac novo canone certis signis ac prodigiis
veterisque testatoribus de trina et una deitate beata confir-
mat auctoritas. Celum pariter ac terram, ut conspiciuntur,
absque auctore inicii semper extitisse asserebant. Et cum
universarum heresum insanientes canum more latrantes
deterrima, in hoc tamen epicureis erant hereticis similes;
quoniam voluptatum flagitiis credebant non recompensari
ultionis vindictam. Omne Christianorum opus, pietatis
dumtaxat et justicie, quod estimatur precium remunera-
tionis eterne, laborem superfluum indicabant esse. Interea
his aliisque quamplurimis insaniis impudenter ab eisdem
prolatis non defuere fideles atque idonei testes veritatis qui
illis sufficienter si vellent tam veritati quam proprie acquies-
cere saluti, respondere de suis cecis atque erroneis assertionibus valerent.

28. Sed et nos quoque, secundum exiguitatem nostri intellectus, his quos prenotavimus illorum erroribus vel per-
pauca respondere decrevimus. Primitus tamen fideles
hortamur universos ut interim mentes illorum presagium
serenet apostoli qui previdens in futuram hujusmodi cautelam intulit : « Oportet, inquit, hereses esse ut hii qui ex
fide sunt probentur [1]. » In hoc igitur permaxime istorum
insipientia deprehenditur, atque ipsi omni scientia ac
sapientia vacui pernoscuntur, cum negent creaturarum
auctorem universarum scilicet Deum ; quoniam manifestum
est quod omne, quantecumque sit molis vel magnitudinis,
si cujusque superatur magnitudine, a maximo omnium
cognoscitur processisse. Pari quoque ratione sciendum est
tam de re corporea quam incorporea. Sciendum etiam
quoniam quecumque res, sive corporalis seu incorporalis,
per quodlibet accidens vel motione vel cujuslibet alternitate

---

1. *I Cor.*, XI, 19.

sit diversa, ab immobili rerum preceptore constat eam processisse, per ipsumque si forte quieverit finem expetere. Cum
enim totius conditor creature propria essentia sit immobilis,
propria essentia bonus simulque verax, sua omnipotentia
naturarum modos distribuens ordinansque ineffabiliter, non
extat preter eum ubi quietem expetant, nisi unde proces-
serant redeant. Manifestumque est nichil in universis factori
deperisse, nisi illud, quod procaciter ab illo constitute
transcendit ordinem nature, et iccirco omnis res tanto
melius veriusque est quod illam constat esse, quanto
solidius firmiusque in proprie nature consistit ordine. Sicque fit ut universa que illius dispositioni incommutabiliter
obediunt, continue serviendo auctorem predicent. Si qua
vero res procaciter ab eo deviando in deterius cecidit,
ceteris jure manentibus documentum prebuit. In predictis
videlicet creaturis quoddam medium continet genus hominum, potius scilicet cunctis animantibus atque inferius
celestibus spiritibus. Quod utique genus, ut diximus, velut
medium superorum inferorumque, si cui parti plus adhe-
serit, illi efficitur conformis. Ideoque tanto infimis potius
atque melius efficitur, quanto supernorum spirituum natu-
ram imitatur. Soli etiam homini datum est pre ceteris
animantibus fore sese beatius, quoniam quidem et illum
dumtaxat, si caruerit fieri, omnibus devenire miserius.
Quem videlicet conditionis ordinem caute ab inicio provi-
dens omnipotentis bonitas Conditoris, cernensque sepius
eundem videlicet hominem deserendo supera, involvi
nimium infimis, fecit proinde plura idemtidem [1] pro tempore
ad eruditionem illius gratia erectionis prodigia.

29. Hujus quoque rei testis vel documentum extat omnis
divinarum liber vel pagina litterarum; que scilicet littere
ipsius Omnipotentis reperte magisterio, cum ejus specialiter multimoda gerant testimonia, mentem etiam seu
intellectum hominis in eisdem eruditi ad cognitionis res-
pectum sui erigunt conditoris. Denique dum eidem homini

---

1. Après les mots *plura idemtidem.* finit la lacune du ms. lat. 10912.

disposite ostendunt super quę sit constitutus aut sub quibus
positus, inexplebile ingerunt ei desiderium; quoniam tantum
ei incipiunt displicere universa quę adsunt, quantum inca-
lescit ad amorem illorum quę desunt, fitquę tanto melior
atque pulchrior, quanto his per amorem heserit vicinior,
atque in quantum melior, in tantum illi, qui summę bonus
extat, Creatori similior. Et idcirco patenter datur intelligi
quoniam quisquis hominum hujus amoris vacuus fuerit
desiderio, omni procul dubio fiet pecude miserior ac
deterior; quippe qui solus pre cunctis animantibus aeternitatis potuit consequi beatitudinem, nullum preter eum
corporale animal proprii erroris vel flagitii aeternam sentiet
vindictam. Sed et si cujus hominis animus sui Conditoris
agnitionem desiderat, expedit ut primum studeat qualiter
sese ut prevaluerit intelligat; quoniam, sicut non comtem-
nenda testatur auctoritas, quod in ea parte precipue gerit
homo speciem Conditoris, qua valet pre ceteris animantibus
dono atque virtute rationis. Sed et sicut hujus rationis
bonum custodiunt sui moderamen et auctoris dilectio, id
est vera humilitas et perfecta caritas, ita illius adnullant
utilitatem nequam concupiscentia et furor. Hisque non
repugnando efficitur homo bestiis similis, illis inserviendo
conformatur ad speciem vel imaginem Conditoris, ut videlicet per humilitatem sese quid sit intelligat, per dilec-
tionem vero in boni Conditoris similitudinem transeat. Ob
id etiam constituuntur ei solummodo ab hominibus preces
et donaria, ut vel illis donum rationis servet integrum,
seu, quod minus est, aut depravatum Conditoris bonitas
augeat et reformet. Simul etiam laus et benedictio exibentur
eidem Conditori, ut fiant hominibus sana mente ac ratione
vigentibus illius testimonium cognitionis. Et quanto plus
cuique contigerit in Conditoris cognitionem proficere, tanto
magis reperiet isdem homo seipsum per eandem cognitionem et plus et melius effectum esse. Nec isdem poterit
in aliquo Conditoris sui opere existere blasphemus, qui
illius cognitione omnimodis melior quam extiterat fuerit
effectus. Atque ideo manifestum est quoniam quicumque
illius operationis blasphemus extitit, ejus cognitionis alie-

nus fuit. Unde etiam certissime comprobatur quoniam, sicut ad summum bonum deducit omnem hominem Creatoris cognitio, sic demergit ad extremum malorum illius ignoratio. Nam plures illius beneficiis per insipientiam ingrati, ac misericordiae operibus illudentes, atque increduli pecudibus deteriores effecti qui etiam in suę cecitatis caliginem perpetuo sunt demersi. Et quod plerisque contigit, factum in suę salutis maximum remedium, exinde sibi alii adquisiere preeunte culpa aeternum detrimentum.

30. Hoc perspicacissime et permaxime claret in omnipotentis Patris singulari gratia, sponte de cęlo hominibus ab eo in mundo missa per suae majestatis atque deitatis coaeternum filium, videlicet Ihesum Christum. Qui scilicet cum patre aeque origo omnis vitę et veritatis atque bonitatis exibuit plane sibi credentibus, quibusque a sęculis incognitum, occultis enigmatibus involutum, de se etiam testimoniorum perhibentium Scripturarum adimplebile documentum. In quo etiam veracibus verbis et prodigiis ostendit seipsum, et suum patrem, atque eorum Spiritum in tribus discrete certissimis personis unum idem esse, id est unius aeternitatis et potentię uniusque voluntatis atque operationis, et, quod id ipsum totum est, unius bonitatis, et per omnia coaequalis essentiae. Ex quo scilicet, et per quem, et in quo sunt omnia quę vere esse habent, plenum semper et aequale subsistens ante omnia temporum curricula rerum principium; cujus etiam tota plenitudo per omnia et finis omnium. Sed cum ipse Omnipotens in quodam creaturarum medio, videlicet in homine, suam expressisset imaginem illumque proprio dimisisset arbitrio, insuper et omnia mundi optima illius ditioni subdidisset, neglecto proprię constitutionis moderamine, ac plus quippiam vel aliud quam auctoris voluntas illum decreverat sese existimans fore, continuo tanto deterior est effectus, quanto presumptior. Ad cujus potiorem etiam reformationem isdem Conditor personam filii suę deitatis misit in mundum sui preformatam sumere imaginem. Quę scilicet missio quanto utilior ac decentior, tanto subtilior ac mirabilior. Quam etiam plerique hominum

non valentes seu minus volentes credere vel amare, ut sic
tandem in illa suę salutis sufficientiam potuissent intellec-
tam repperire; potiusque diversis impliciti erroribus tanto
extiterunt veritatis rebelles, quanto probantur illius cognitionis expertes. De quorum procul dubio forte sunt universę
hęreses, vel quorumcumque errorum sectae in toto terrarum orbe. Quibus scilicet omnibus, nisi conversi
sequantur Ihesum gesta penitudine, melius fuerat non
fuisse. At quorum mens plena fide, amando et credendo
illi obedivit, tanto meliores ex eo effecti, quanto perfectius
adheserunt illi qui est initium ac perfectio totius boni. Ex
his nempe constat tota beatorum laudabilis summa, quorum
venerabilis memoria universa seculorum ornat tempora.
Quibus etiam datum est cum universorum creatore perhenne
et feliciter esse et vivere, illiusque semper agnitionis
visione beatiores fore. Nos igitur tandem credimus, ut
spoponderamus, his paucis illorum dampnatorum insaniae
sufficienter respondisse.

31. Preterea cum a pluribus omni sagacitate elaboratum
fuisset qualiter deposita mentis perfidia, veram et universalem reciperent fidem, atque illi omnimodis se facere
denegarent, dictum est eis quoniam, nisi celerius ad sanam
fidei mentem redeant, regis jussu, et universę plebis
consensu, igne essent protinus crematuri. At illi in sua
male confisi vesania nil pertimescere se jactantes seque
evasuros ab igne inlesos promittentes, quin potius ad
meliora sibi suadentibus spernendo illudebant. Cernens
quoque rex, et universi qui aderant, minus posse illos
revocari ab insania, jussit accendere non longe a civitate
ignem permaximum, ut vel eo forte territi a sua malignitate
desierent; ad quem cum ducerentur, rabida adacti demen-
tia, se omnimodis hoc velle proclamabant ac sese ultro ad
ignem trahentibus inferebant. Quibus ad ultimum numero
XIII^cim igni traditis [1], cum jam cepissent acrius aduri,
ceperunt voce qua poterant ex eodem igne clamare se

---

1. Cette exécution eut lieu le 28 décembre.

pessime deceptos arte diabolica, nuper de universorum Deo
ac Domino male sensisse, et ob hanc ab eisdem inlatam ei
blaspemiam illos temporali atque aeterna ultione torqueri.
His vero plures e circumstantibus auditis, humanitatis
pietate permoti, accedentes ut vel semiustos ab igne illos
eriperent, minime valuerunt, quoniam, vindice flamma
consumente illos, continuo in pulvere sunt redacti. Si qui
vero postmodum hujus perversitatis fuerunt sectatores
reperti, simili ultionis vincdicta ubique sunt perditi. Preterea
venerabilis catholicę fidei cultus, exstirpata insanientium
pessimorum vesania, ubique terrarum clarior emicuit.

IX. DE FILIIS REGIS EJUSDEM.

32. Suscepit[1] igitur prefatus rex de suprascripta conjuge[2] sua filios quattuor[3]; providusque de regni successu,
elegit regnare post se illorum primogenitum Hugonem
nomine, puerum adhuc, clarissimę indolis illustrem. Cumque de ipsius[4] sacrando sublimio primates regni saga-
ciores consuluisset, tale ei dedere responsum : « Sine
puerum, rex, si placet, crescendo procedere in viriles
annos, ne, veluti de te gestum est, tanti regni pondus
infirmae committas aetati. » Erat autem isdem puer ferme
decennis. Qui minime illorum adquiescens dictis, matre
precipue instigante, regio in Compendio adscitis regni
primoribus, coronam, ut decreverat, ex more a pontificibus
puero fecit inponi[5]. In processu quoque temporis, cum
adolevisset, cernens se nil dominii rei peculiaris preter
victum et vestitum ex regno, unde coronatus fuerat, posse
mandare, cepit corde tristari atque apud patrem, ut ei
quippiam dominii largiretur conqueri. Quod ejus mater

---

1. L'auteur des *Gesta consulum Andegavorum* a transcrit la plus grande
partie de ce chapitre (éd. Marchegay, p. 111).
2. Constance.
3. Hugues, Henri, Robert et Eude.
4. Les éditeurs du *Rec. des Histor. de France* proposent la correction *de
ipso sacrando sublimiores*.
5. En 1017, le 9 juin, jour de la Pentecôte. — L'auteur des *Gesta consul.
Andegav.* n'a pas transcrit le passage compris entre les mots *fecit imponi* et
Dum igitur incomparabili (éd. Marchegay, p. 111).

comperiens, ut erat avarissima maritique magistra, fieri
renitens insuper convitiis ac maledictis juvenem lacessibat;
et sicut quidam ait : « Novi ingenium mulierum, cum velis,
ipsa nolit, at si nolis, cupiet ultro[1]. » Nam quę prius, ne
fastu regni careret, aliquo ingruente mariti infortunio,
contra omnium sola decretum sublimavit puerum, postea
toto mentis nisu ac si hostem alienigenam turpabat illum
verbis et operibus.

33. Ille vero cernens se non posse diutius talia aequani-
miter tolerare, junctis secum aliquibus suae aetatis juveni-
bus, cepit infestari ac diripere ad libitum res genitorum.
Tamen paulo post Dei nutu in se reversus, ad genitores
rediens, humili eos satisfactione benivolos erga se reddidit.
Tunc demum ab eisdem largitur illi, ut optimum decebat
filium, jus ubique ac potestas regni. Sed qualis et quantus
postmodum extitit, presenti stilo non quit explicari, quam
humilis ac dulcis eloquio, patri ac matri servis obedientior,
pauperum largus dator, monachorum et clericorum conso-
lator, necnon apud patrem cunctorum rogantum fidelissimus
interventor, quam affluenter in cunctis optimis melior, quis
valet exsequi relator? Hujusmodi enim fama ubique provintiarum percitus preoptabatur a multis, precipue ab Italicis[2],
ut sibi imperaret in imperium sublimari; nam et ex
cognomento proavi Magnus Hugo dicebatur a cunctis. Dum
igitur incomparabili mentis simul ac corporis decore
floreret, exigentibus majorum flagitiis, repente illum mors
invida mundo subripuit[3]. Sed quale justicium contigit
universis nullo sermone valet exprimi. De cujus etiam
funere subsequentes iambicos[4] rogatus a fratribus cecini :

Plasmator parce mestis mundialibus,
Succurrat fletus intimis doloribus,
Pascat merentes singultuum gemitus,

1. Térence, *Eunuque*, IV, 7, 42.
2. Les Lombards offrirent la couronne d'Italie à Hugues après la mort de
l'empereur Henri survenue en 1024.
3. En 1025.
4. L'auteur des *Gesta consul. Andegav.* a supprimé la pièce de vers qui suit.

Humanum decus dum rapit interitus.
Annis florebat mundo juvenilibus
Ter denis minus excreverat duobus [1],
Regnorum lumen Hugo, regum maximus;
Quem nex funesta invidit hominibus.
Non alter nostro talis emicat aevo,
Regnis spectatus, adscitus imperio,
Bellorum tanto decoretur triumpho,
Vigore pari valeat corporeo ;
Quo gens Francorum vigebat lętabunda
Fideique pace tota simul Gallia ;
Omnis quem prona poscebat Italia,
Cęsar ut jura promeret regalia.
Sed te non nostra, juvenum pulcherrime,
Heu! pro dolor! tempora meruere ;
Quibus inundant malorum miserię
Vires bonorum corruunt assidue.
Tu dolor matris calamitasque patris,
Crudele nimis monimentum germanis,
Meror communis cunctis in palatiis,
Justiciumque populorum ultimis.
Leone presso, Virgo solem coeperat,
Tua cum dirus membra pallor occupat.
Denis diebus sorte sit lux septima [2]
Te patri fama perdidisse nuntiat.
Jam seculorum cerne rector optime,
Gentem Francorum qui regat tutissime
Hostemque sevum valeat repellere,
Pactum quietis illi da perpetuae.

Qui [3] in eadem qua primitus coronatus fuerat ecclesia,
Beati martyris Cornelii videlicet, regio in Compendio est
sepultus.

---

1. Cf. *Rec. des histor. de France*, t. X, p. 39, note *c*. Les éditeurs du *Rec. des hist.* pensent avec raison qu'on doit corriger *ter denis* en *bis denis*.
2. C'est-à-dire le 17 septembre.
3. Le texte des *Gesta consul. Andegav.* reprend avec les mots *Qui in eadem* (éd. Marchegay, p. 111.)

34. Post cujus obitum coepit iterum isdem rex tractare, quis potissimum ex residuis filiis post se regnare deberet. Constituerat autem secundum Burgundię ducem, Heinricum nomine, post Hugonem natum, ipsumque decrevit pro fratre in regnum sublimare. Sed rursum mater muliebri animositate agitata, tam a patre quam a ceteris, qui parti illius favebant, dissentit, dicens tertium ad regni moderamen prestantiorem fore filium, qui et Rotberti patris nomine censebatur. Hoc quippe inter fratres seminarium discordiae fuit. Coadunatis denique rex metropoli Remis regni primatibus, stabilivit regni coronę Heinricum quem delegerat [1].

35. Tunc demum post aliquod temporis spatium, illi duo fratres, firmato amicitiae foedere, precipue ob insolentiam matris cepere vi invadere vicos et castella sui patris ac circumcirca diripere quae poterant bonorum ejus. Nam ille, quem regem fecerat, Drogas illi castrum subripuit, alter vero in Burgundię partibus Avalonem atque Bellemsem [2]. Pro quibus rex gravi turbatus merore, colligens exercitum ascendit Burgundiam; bellum plusquam civile patratur. Interea [3] cum super his venerabilem patrem Willelmum [4] consuluisset apud Divionensi castro quid agere deberet, oransque ut erat vir totius mansuetudinis et pietatis, qualiter tam pro se quam pro illis Dominum exoraret, tale responsum ab eodem suscepit : « Meminisse te, o rex, convenit injurarium obprobriorumque patri ac matri a te illatorum in tua juventute, quoniam talia tibi, justo judice Deo permittente, a filiis ingeruntur qualia tu ipse genitoribus ingessisti. » Haec audiens rex patientissime tulit seque ultro culpabilem clamans non negavit. Deinde post obsidionem ac depopulationem utriusque provintię ad pacem redeuntes paulisper quieverunt.

---

1. En 1027, le jour de la Pentecôte.
2. Lisez *Belnensem*, Beaune.
3. Le passage compris entre *Interea cum super* et *Anno quoque sequenti* ne figure pas dans les *Gesta consulum Andegavorum*.
4. Guillaume, abbé de Saint-Bénigne de Dijon.

36. Anno quoque sequenti [1], mense Julio [2], Rotbertus rex apud castrum Meledunense diem clausit extremum; delatumque est corpus ejus ad ecclesiam Sancti Dionisii martyris ac in eadem sepultum. Tunc rursus oritur inter matrem et filios, rediviva discordiae crudelitas, ac preteritarum irarum frena laxant inveterata odia. Diu multumque vastando res proprias debacatum est donec Fulco Andegavorum comes, cognatus [3] scilicet ipsorum, matrem redarguens cur bestialem vesaniam erga filios exerceret, utrumque parentem in pacem reduceret. Sequenti vero anno, eodem mense [4], atque in eodem castro quo rex obierat, et ipsa obiit, indeque portata est ad Sancti Dionisii basilicam ac juxta regem sepulta.

37. Henricus nempe rex, paternis rebus potitus, germanum suum Rotbertum constituit Burgundię ducem. Preterea cum isdem rex rempublicam vivaci mente et agili corpore regni sui discuteret, tunc contigit ut Letoericus Senonum archipresul, obiret [5]. Ilico vero unum de suę gentis nobilibus consecrari mandavit, atque in ejus loco subrogari [6]. Sed Odo [7], rerum ditissimus, licet fide pauper, alterum e contra delegerat ne jus regium hac in parte foret integrum. Nam qui viventi patri Rotberto multa tam vi quam calliditate subripuerat arte simili filiis facere cupiebat. Cum enim primitus civitates, Trecorum videlicet ac Meldorum cum multiplicibus castris illi preripuisset, post mortem ejus conjugi et filiis illius Senonicam subripuit urbem, quam etiam tunc adversus illos infamis possessor vallaverat. Quod cernens Heinricus, acra animi ferocitate tamdiu illum insecutus est

---

1. Ici reprend le texte des *Gesta consulum Andegav.*, éd. Marchegay, p. 112.
2. Le 20 juillet 1031.
3. Au dessus de *cognatus*, une main postérieure a ajouté dans le ms. lat. 10912 *avunculus*. Cette addition a été empruntée aux *Gesta consul. Andegav.*, éd. Marchegay p. 112.
4. En juillet 1032.
5. 1032.
6. Gelduin. Le clergé et le peuple avaient élu Mainard, trésorier de l'église de Troyes. Cf. Clarius, *Chronicon S. Petri Vivi*, dans *Rec. des histor. de France*, t. X, p. 225.
7. Eudes II de Blois, devenu comte de Champagne vers 1019, mort en 1037.

debellando, quousque genu flectens ei se subderet ejusque
ditioni oboediens pareret. Erat enim isdem Odo natus ex
filia Chuonradi, regis Austrasiorum [1], Berta nomine [2], licet
a patris sui proavis obscurę duxisset genus lineae. Et
quoniam regi Rodulfo [3], avunculo scilicet ejus, non erat
proles ulla, quę foret regni heres, presumpsit, ipso vivente,
vi potius quam amore regni abenas preripere; conferens
insuper multa donaria, ut ei assensum preberent, primoribus patriae; sed ne quicquam. « Domini enim est regnum
et cuicumque voluerit dabit illud [4]. » Est etiam proverbium :
« Secundum fidem hominis erit amicus illius [5]. » Gens
enim precipue regni ejusdem assertionem fidei floccipendit
et foedus pro nihilo ducit.

38. Extitit igitur, post mortem Heinrici imperatoris, qui
fuit nepos regis Rodulfi, Chuonradus [6] de quo in subse-
quentibus narrabimus, habens in conjugio neptam prefati
Rodulfi [7], ob hoc maxime valenter resistens contradicebat
Odoni; quorum etiam lis acerrima regni utriusque maximam fecit depopulationem. Ad ultimum denique, cum
jam in conspectu Dei excederet mensura tanti mali, collecto
undecumque exercitu permaximo, conscendit Odo in
Tullensem pagum, quem jam sepius depopulaverat, ibique
oppugnans coepit Barrense castrum cum magna tamen
diremtionis eversione totius provintiae. Cumque in eodem
castro locatis militibus ad custodiam ferme quingentis,
ut tamen ipse quamtotius ad propria repedaret, utpote
qui curis agitabatur innumeris. Prestolabantur itaque
illum legati ex Italia directi, deferentes ei arram princi-
patus, ut agebant, totius Italię regionis. Contempserant
enim suum principem predictum, videlicet Chounradum,
Mediolanenses, conjuratione facta adversus eum, junctis

---

1. Conrad le Pacifique, roi d'Arles.
2. Berthe, devenue veuve d'Eude I, épousa le roi Robert en 995 ou 996.
3. Rodolphe III, roi de Bourgogne.
4. *Psalm.*, XXI, 29.
5. *Dan.*, IV, 14.
6. Conrad le Salique, fils de Henri, duc de Franconie, couronné le 8 septembre 1024 à Mayence.
7. Gisèle.

sibi quos poterant ex civitatibus in circuitu. Existimabant quoque eundem Odonem posse percipere regnum Austrasiorum, atque ad eos transire ut illis gereret principatum. Sed, sicut ait manufortis insignis precentor bellorum Domini « dejecisti eos, inquiens, dum allevarentur », ita contigit. Nam subito Gocilo, dux totius primae Retiae regionis cirrenum [1], cum exercitu nimio in eum inruens, omnem Odonis exercitum in fugam vertit, licet ex utraque parte plurima multitudo moriens corruerit [2]. Tunc denique et ipse Odo [3] miserrime interiit [4]. Cujus lacerum cadaver [5] Rogerus, Catalonorum presul, habens secum virum venerabilem abbatem Richardum a cede suscipiens uxori reddidit. Quae [6] accipiens direxit illud Turonis ibique sepultum est juxta patrem suum in atrio [7] Sancti Martini superioris cenobii [8]. Et quidem finis Odonis talis extitit; quem idcirco huic seriei intexere voluimus qualiter in presentiarum cognosceretur rerum Creator justissimus potenter explere quod olim tesmoforo suo Moysi promisit : « Ego, inquiens, Dominus qui judico peccata patrum in filiis in tertiam et quartam generationem. »

39. Tertius namque hic Odo, de quo a nobis sermo superior est habitus, trinepos fuit illius Tetbaldi Carnoti comitis cui cognomen Tricator fuit. Hic nempe quondam, junctus Arnulfo [9] Flandrensi comiti, expetens per legatos Willelmum Rothomagorum ducem velut ad familiare pacis

---

1. Gozelon ou Gothelon, duc de Basse-Lorraine.
2. Le ms. lat. 10912 donne *curruerit*. Le ms. lat. 6190 corrige *corruerit*.
3. Eudes II. — Au dessus d'*Odo* on lit dans le ms. lat. 10912 *capite plexus*, addition du XIIe siècle.
4. La bataille où périt Eudes II fut livrée dans la plaine de Bar le 15 novembre 1037.
5. Après le mot *cadaver*, on lit dans le ms. lat. 10912 *excapitatum*.
6. Ce mot est barré dans le ms. lat. 109 2, et une main du XIIe siècle a ajouté dans la marge inférieure : *Narrant etiam plerique quod corpus ejus diu multumque quesitum inveniri non potuit donec uxor ejus veniens tali intersigno invenit; habebat enim verrucam inter genitalia et anum. Quod sic inventum (accipiens).*
7. Dans le ms. lat. 10912 *atrio* est effacé; au dessus, *capitulo*.
8. Dans le ms. lat. 10912, on a ajouté au dessus de *cenobii*, les mots : *Majoris monasterii*. — Toutes ces additions ont été empruntées aux *Gesta consulum Andegav.*, éd. Marchegay, p. 114 et 115.
9. Arnoul succéda en 918 à Baudouin, comte de Flandre.

colloquium, promittens se ex parte regis Francorum seu
Ugonis magni, qui fuerat filius Rotberti regis [1], quem Otto
dux Saxonum postea vero imperator Romanorum Suessionis [2] interfecit; ei utilia esse dicturum. At ille quoque,
ut erat vir innocens, licet potentissimus, ubi illi constituerat per fluvium Sequanę evectus navigio velociter illo
affuit. Qui dum simul convenientes irruunt in amplexus,
unus simplicitate revera, ceteri, dolo illecti, simulatę pacis
atque amicitię miscuere colloquia. Post finem vero insimu-
latorum verborum, cepto recessu, jam longiuscule progre-
diente Willelmo, revocavit eum Tetbaldus, quasi secretiora
adhuc ei loquens crediturus, seu carius valediturus; at ille
remum dextra accipiens prohibuit ut nemo suorum exiens
illum sequeretur, exilivit ad ripam. Tetbaldus quoque, illum
adpropinquans, quasi aliquid locuturus, ilico exertam
quam ad hoc tulerat sub pallio spata uno ictu caput a
corpore decussit. Quod cernentes qui cum Willelmo
venerant remigando fugam arripiunt; nuntiavere Rotoma-
gensibus ut contigerat. Erat enim Willelmo filius ex concubina, Richardus nomine, tamen adhuc adolescens. Quem
accipientes sui statuerunt pro patre principem regni.
Tetbaldus nempe, patrato scelere, concitus perrexit ad
Heribertum, Trecorum comitem, petens ab eo sororem [3]
ipsius dari sibi in conjugium, uxorem scilicet predicti
Willelmi quem interfecerat. At ille statim promisit dari,
vocans eam ad colloquium sui, quę nondum genuerat
prolem, quasi consolaturus ex dampno mariti, tradidit
illam Tetbaldo detestabile satis in conjugium. Ex qua
genuit Odonem, patrem videlicet istius, cujus finem teterrimum supradiximus [4]. Illud etiam commemorari in calce
tertii libelli placuit qualiter vindex divina potestas, totius
boni moderatrix, insolentiae humani generis vel ultrix in
presentiarum extiterit.

1. Robert I tué par Charles le Simple le 15 juin 923, dans une bataille près de Soissons.
2. Le ms. lat. 10912 donne *Suasionis*. Corr. *Suessionis* par le ms. lat. 6190.
3. Leutgarde.
4. La transcription du texte de Raoul Glaber par l'auteur des *Gesta consul. Andegav.* s'arrête avec les mots *teterrimum supradiximus*.

40. Olim igitur circa millesimum incarnati Verbi annum, cum rex Rotbertus accepisset sibi reginam Constantiam a partibus Aquitanię in conjugium, coeperunt confluere gratia ejusdem reginae in Franciam atque Burgundiam ab Arvernia et Aquitania homines omni levitate vanissimi, moribus et veste distorti, armis et equorum faleris incompositi, a medio capitis comis nudati, histrionum more barbis rasi, caligis et ocreis turpissimi, fidei et pacis foedere omni vacui. Quorum itaque nefanda exemplaria heu! pro dolor! tota gens Francorum, nuper omnium honestissima, ac Burgundionum sitibunda rapuit, donec omnis foret nequitię et turpitudinis illorum conformis. Si quislibet vero religiosus, ac Deum timens, talia gerentes compescere temptavisset, ab eisdem insania notabatur. Sed vir integerrimę fidei ac constantiae, pater videlicet Willelmus [1], quem jam supra commemoravimus, rejecto pudore sumptaque spiritali invectione, regem pariter ac reginam cur talia in suo regno permitterent fieri acerrime increpans, quippe quod ceterorum honestissimum honore et religiositate diutius claruerat regnorum. Ceteros quoque inferioris gradus seu ordinis ita redarguens, comminabatur ut plerique monitionibus illius coerciti, relicta superstitiosa vanitate, in pristinum se reformarent usum. Asserebat igitur isdem abba hec omnia molimina calteria esse Sathane, ac si quis hominum talibus insigniis calteriatus ex hoc seculo migrasset, difficulter a diaboli vinculis posse eripi, in pluribus tamen nequam usus convaluit; cujus, etiam detestans, elogium paucis heroicis pernotavi [2] :

Anno post Dominum terris de Virgine natum
Milleno, gravibus homines erroribus acti,
Dum cupimus rerum species intendere plures,
Preteritis placet et studiis componere mores,
Objectat sese novitas incauta periclis.
Ecce priora sibi rident cum tempora nostri

---

1. Guillaume, abbé de Saint-Bénigne de Dijon.
2. Après les mots *heroicis pernotavi*, on lit dans le ms. lat. 6190 : *Explicit liber III*; ces mots manquent dans le ms. lat. 10912 ; je les reporte après la pièce de vers, qui fait assurément partie du livre III.

Ludicra queque probris sociant tumque usibus aptant,
Turpia nec horrent animis et seria calcant,
Que justos rexere viros et honesta refutant.
Corpore perverso creat haec nunc vita tyrannos,
Trunca veste viros sine federe pacis ineptos;
Consilio muliebre gemit respublica laxa.
Fraus, raptus, quodcumque nefas dominantur in orbe;
Nullus honor sanctis, nulla est reverentia sacris.
Hinc gladius pestisque fames populantur ubique,
Nec tamen impietas hominum correcta pepercit.
Ac nisi magna Dei pietas protenderet iram,
Infernus hos terricrepo consumeret ore.
Hoc habet infelix peccandi consuetudo
Quod plus quis peccat minus hic peccare pavescat,
Quisque minus peccat magis hic peccare tremescat.

Explicit liber III.

INCIPIT LIBER QUARTUS.

1. Post multiplicia prodigiorum signa, que, tam ante
quam post, circa tamen annum Christi Domini millesimum
in orbe terrarum contigere, plures fuisse constat sagaci
mente viros industrios, qui non his minora, propinquante
ejusdem dominicae passionis anno millesimo [1] fore pre-
dixere; quod utique evidentissime contigit. Mortuo quoque,
ut jam diximus, Heinrico piissimo imperatore, cui scilicet
nulla proles extitit qui in regnum post illum succederet,
nonnulli sese inferre temptantes de primatibus, qui tamen
potius ut regni corona fulgerent quam profectum reipublice
moderamenque justitie exercerent. Prae cunctis ergo
quidam Chounradus [2], quem superius taxavimus, audax
animo et viribus ingens sed fide non multum firmus. Cum
enim diu multumque de constituendo regni principe, ac

---

1. C'est-à-dire l'an 1033. Voyez plus loin le début du chapitre IV.
2. Conrad II le Salique. Voyez plus haut, l. III, c. IX, § 38.

precipue inter presules, retractatum[1] fuisset, visum est eis
ipsum Chounradum debere eligere, nisi quod unum inte-
rerat propter quod Heinricus etiam illum valde exosum
habuerat; habebat enim conjugem quę illi erat affinis[2],
quam etiam primitus quidam cognatus ipsius duxerat.
Preterea innotuerunt ei pontifices quid potissimum vellet,
aut tale conjugium, quod manifestissime sacrae auctoritati
nimium repugnabat, tenere, seu eo dimisso coronam imperii
sumere. Qui protinus dimittendum promisit talis incesti
conjugium, seque parere diligentissime illorum dictis et
obedire consiliis. Deinde vero mittunt ad papam Romanum[3], ut eis in hoc quod decreverant consentiret. Qui
statim libentissime annuit, mandans insuper ut quantotius
suscepto Germanię sceptro Romam pergeret suscepturus
totius Italiae coronam. Interea indeptus regni infula Chounradus Italiam perrexit[4] secumque ducens uxorem quam, ut
diximus, inlicito[5] ceperat matrimonio : cui protinus in
descensu Alpium, quem Curiam Gallorum licet corrupte
vocant, in oppido Cumis[6] occurrit cum summo apparatu
papa Romanus, ut ante spoponderat. Fuere tunc quidam de
marchionibus Italiae qui minus ei assensum prebuerunt.
Sic enim illis facere mos est, ut jam supra taxavimus, in
mortibus imperatorum. Nam et Papienses, ceterorum
superbissimi, palatium regis in sua civitate operoso sumptu
constructum destruxerant usque ad solum. Ille vero, ut
comperit, ferociter irruit Yporeiam[7] primitus civitatem
capiens; deinde ceteras cum castris universis proprię
subiciens ditioni. Sicque Romam deveniens coronam ex
more sumpsit imperii[8]. Cui, dum episcopi suggererent ut

---

1. Le ms. lat. 6190 porte *tractatum*.
2. Gisèle, fille d'Hermann, duc de Souabe, et de Gerberge, fille de Conrad,
roi de Bourgogne, mariée d'abord à Brunon, duc de Brunswick, puis à Ernest,
duc de Souabe, et enfin en 1016 à Conrad le Salique.
3. Jean XIX qui succéda en 1024 à son frère Benoît VIII.
4. En 1026. Au-dessus de *perrexit* une main postérieure a ajouté *ire* dans
le ms. lat. 10912.
5. Le ms. lat. 10912 porte *inlito* ; le ms. lat. 6190 corrige *inlicito*.
6. Côme, en Lombardie.
7. Ivrée, en Lombardie.
8. Le jour de Pâques, 26 mars 1027.

auctoritate Romani pontificis, qualiter illis promiserat, repudium inliciti facere conjugii, graviter accipiens dixit se imperatorem creatum nullo modo debere uxore viduari, ac sicut inepte ceperat tenuit.

I. DE UNIVERSALITATE AECCLESIAE A CONSTANTINOPOLITANIS INJUSTE REQUISITA.

2. Circa annum igitur Domini millesimum vicesimum quartum, Constantinopolitanus presul cum suo principe Basilio[1], aliique nonnulli Grecorum consilium iniere quatinus, cum consensu Romani pontificis, liceret ecclesiam Constantinopolitanam in suo orbe, sicuti Roma in universo, universalem dici et haberi. Qui statim miserunt qui deferrent multa ac diversa donorum exenia Romam, tam pontifici quam ceteris quos suae parti favere conspicerent. Ubi convenientes exposuerunt apud pontificem suę profectionis quęrellam. Sed quid non pertentat cecus amor habendi? Estque proverbium : « Aureo pugillo murum frangere ferreum. » Ac licet pro tempore filargiria mundi regina queat appellari, in Romanis tamen inexplebilis cubile locavit. Mox namque, ut videre Grecorum sibi deferre fulgidas opes, versum est cor illorum ad fraudulentię diverticula, pertemptantes an forte clanculo concedere quiverant quod petebatur; sed nequaquam. Non enim potest falli summa Veritas quę spopondit : « Portae inferi non prevalebunt adversus eam[2]. » Dum ergo adhuc leni sub murmure hujusce machinatores in conclavi sese putarent talia tractavisse, velox fama de ipsis per universam Italiam decucurrit. Sed qualis tunc tumultus, quam vehemens commotio per cunctos extitit qui audivere, dici non valet.

3. Precipue tamen vir prudentissimus, pater videlicet Willelmus[3], de quo jam diximus, ad Romanum pontificem de hac re misit epistolam corpore brevem, sed materia

---

1. Basile II.
2. *Matth.*, XVI, 18.
3. Guillaume, abbé de Saint-Bénigne de Dijon.

ingentem ac sermone pongentem, talia continentem : « Gratia
Dei et reverentia beati apostolorum principis Petri sedium
in orbe terrarum excellentissimo, indepto papę Johanni[1],
Willelmus crucis Christi servus, sedem judicii cum apostolis
et regni coronam. Magistri gentium dictis instruimur,
seniorem non increpandum; isdem tamen alias dicit :
Factus sum insipiens, vos me coegistis[2]. Idcirco igitur
filiationis diligentia hortamur communem vestram paterni-
tatem qualiter in uno imitemini cogitationes[3] hominum,
per videntem Dominum Salvatorem, ut dicatis ad aliquem
vobis unanimem, quemadmodum ipse Petro : Quid dicunt
homines de me[4]? Si vero responsum illius ex fide fuerit,
animadvertite qualiter sonuerit; si autem clare, custodite
ne offuscetur; si vero obscure, lux mundi oranda est
qualiter ita fulgeatis, ut universis in gremio ecclesię constitutis ad viam mandatorum Dei gradiendam lumen prebeatis.
Sed est fama rei qui nuper erga vos accidit, de qua quis
audiens non scandalizatur, noverit se longe ab amore
superno disparari. Quoniam, licet potestas Romani imperii,
quę olim in orbe terrarum monarches viguit, nunc per
diversa terrarum innumeris regatur sceptris, ligandi solven-
dique in terra et in cęlo potestas dono inviolabili incombit
magisterio Petri. Atque ista idcirco diximus, ut animad-
vertatis non aliter Grecis quam cenodoxia hujusce quam
audivimus, apud vos requirere impetravisse. De cetero
quoque optamus, uti universalem decet antistitem, vos
acrius in correctione ac disciplina sanctę et apostoli-
cae ecclesię vigere aeternoque ac feliciter in Christo
valere. »

4. Erat quippe Johannes[5] iste, cognomento Romanus,

---

1. Jean XIX. Le ms. lat. 10912 portait *Gregorio* qui a été corrigé en *Johanni*
par un contemporain ; cette dernière leçon a prévalu dans le ms. lat. 6190.
2. 2 *Cor.*, XII, 11.
3. Le ms. lat. 10912 porte *cogiliones*, corrigé en *cogitationes* par le ms. lat.
6190.
4. *Matth.* XVI, 13.
5. Dans le ms. lat. 10912 *Gregorius* a été corrigé en *Johannes* comme plus
haut.

frater illius Benedicti[1] cui in episcopatum successerat
largitione pecunię, repente ex laicali ordine neoffitus
constitutus est presul. Sed insolentia Romanorum hujusmodi adinvenit palliatę subdolositatis ridiculum, scilicet ut
quemcumque pro suo libitu in presentiarum ad pontificatus
officium delegerint, mutato nomine, quod illi prius fuerat,
aliquo magnorum pontificum nomine illum appellari decer-
nunt; revera quem, si non meritum rei, saltem nomen
extollat. Preterea Constantinopolitani ad propria remeantes
confutata illorum undique tumida presumptio conquievit.

II. DE HERESI IN ITALIA INVENTA.

5. Castrum igitur erat per iddem tempus in gente
Longobardorum, quod, ut erat, vocabatur Mons videlicet
fortis, plenum etiam ex nobilioribus ejusdem gentis. Hos
nempe cunctos ita maculaverat heretica pravitas, ut ante
erat illis crudeli morte finiri quam ab illa quoquo modo
possent ad saluberrimam Christi Domini fidem revocari.
Colebant enim idola more paganorum ac cum Judeis inepta
sacrificia litare nitebantur. Sepissime denique tam Mainfredus, marchionum prudentissimus, quam frater ejus
Alricus, Astensis[2] urbis presul, in cujus scilicet diocesi
locatum habebatur predictum castrum, ceterique marchiones ac presules circumcirca creberrimos illis assultus intu-
lerunt, capientes ex eis nonnullos, quos, dum non quivissent
revocare ab insania, igne cremavere. Contigit ergo in vicino
haberi aliud castrum nostrę religionis et fidei, in quo
quidam miles aliquando egrotans ad extremum pene devenerat. Ad quem utique visitandum ex hereticorum castello
illorum precipua juxta morem veniens mulier, revera potius
ut evidentior fieret secta ejusdem nequitię, nam protinus ut
egrediens domum, in qua eger decubabat, intraret, repente
prospiciens is qui languebat vidit intrare cum eadem

---

1. Le ms. lat. 10912 portait *Johannis*, qui a été exponctué et corrigé en
Benedicti; mais cette correction paraît plus récente que celle de *Gregorius* en
Johannes signalée à la note précédente. Le ms. lat. 6190 donne *Benedicti.* Il
s'agit de Benoît VIII.
2. Asti, en Lombardie.

muliere ad se innumerabilem exercitum in nigerrimis
vestibus faciebusque teterrimis. Qua vero ingressa, postquam languentis frontem ac pulsum pectoris et cetera, ut
usus habet, manu perlustravisset pronuntiaretque illum
convaliturum in proximum, domo egressa est, totaque simul
familia cum illa solum relinquere infirmum. Statim quoque
adfuit illi nigrorum, quem viderat, globus, cui ita qui
videbatur illorum princeps infit : « Agnoscis me, inquiens,
Hugo ? » Hoc enim erat illius aegri vocabulum. Cumque ille
respondens diceret : « Tu quis es ? » dixit ei : « Potentissimus potentum ac ditissimus divitum, ego qui occurro tibi.
Si me tantum credideris facere posse ut te a morte, que
presens inminet, eripiam, longoque vivas tempore, et ut
certissime credas quod spondeo, noveris meo auxilio
meaque industria Chounradum[1] hoc tempore imperatorem
esse creatum. Tu quippe bene nosti quod nullus imperatorum ita velociter omnem Germaniam atque Italiam, sicuti
iste, subjugavit ditioni. » « Novi, inquiens aeger, et mirum
diu mihi cum ceteris fuit. » Deinde vero prime fraudis
auctor adjecit : « Nonne etiam in transmarinis partibus
regnum Grecorum post Basilium Michaheli[2] mihi obedienti
tradidi ? Idcirco, inquit, crede mihi, et faciam tibi multo ma-
jora quam sperare queas, teque ipsum sanitati restituam. »
Erat quippe fama tunc temporis quod isdem Mihahel cubicu-
larius fuisset Basilii clamque illi venenum in potu[3] ad necem
dedisset; cujus procul dubio imperii post mortem ejus
sumpsit coronam; cujus etiam, ut par erat, imperii regimen
non satis utile fuit. Interea memoratus Hugo in sese reversus dextera signum venerabilis crucis exprimere temptans
dixit : « Ego vero Ihesum Dei filium testor, quem adoro,
credo et confiteor; non alium te omnino credidero, nisi ut
fuisti et es, fallacem diabolum. » Tunc demon continuo
hanc vocem edidit : « Queso ne brachium contra me
erigas. » Sicque continuo omnis ille globus ut fumus

---

1. Conrad le Salique, couronné empereur en 1027.
2. Michel dit le Paphlagonien, couronné empereur le 11 avril 1034; il succéda
non pas à Basile II, mais à Romain III.
3. Le ms. lat. 10912 porte *impotu*, corrigé en *in potu* par le ms. lat. 6190.

evanuit. At ille exclamans voce,qua potuit, occurrunt quippe domestici ; narrat illis ex ordine quę vidit et audivit. Quibus dictis, ipso die ante solis occasum obiit. Nulli denique dubium quoniam ista et sibi et nobis vidit.

III. QUOD PECCATIS HOMINUM EXIGENTIBUS, DEO PERMITTENTE, A NEQUAM SPIRITIBUS ALIQUANDO FIANT MIRACULA.

6. Divina igitur auctoritas per Moysen Judeis prolata taliter illos monuit dicens : « Si fuerit, inquit, propheta inter vos, loquens in nomine alicujus Deorum gentium et predixerit quippiam futurum, et fortuito evenerit, non credatis ei, quoniam temptat vos dominus Deus vester, ut sciat si diligatis eum annon[1]. » Habemus ergo in presentiarum in re dissimili non dispar exemplum. Fuit enim prescripto tempore homo plebeius mangonum callidissimus, innoti tamen nominis et patriae, quoniam pro diversitatibus locorum querens latebram ne agnosceretur, fraudulenter imponebat sibi vocabula, vel de qua foret provintia. Effodiebat quoque e tumulis clancule ossa evellens a cineribus nuperrime defunctorum hominum, sicque imposita in diversis apoforetis venditabat apud plurimos pro sanctorum martyrum seu confessorum reliquiis. Hic vero, post innumeras hujusce inlusiones in Galliis perpetratas[2], perfuga venit ad loca Alpium, ubi persepe brutę gentes inhabitant, habentes in arduis plurima domicilia. Ibi nempe se Stephanum nuncupavit, qui alias Petrus, alias Johannes dictus fuerat. Illic ergo more solito noctu colligens a loco abjectissimo innoti ossa hominis, quę posuit in cassella et feretro, dicebat sibi angelica ostensione revelatum fuisse quem fingebat esse sanctum martyrem nomine Justum. Mox quoque vulgus, ut se in talibus habere solet, ignavum quicquid rusticanę plebis fuit, totum ad hanc famam confluit; penitet insuper si non est sibi morbus quo curari ·

---

1. *Deuter.*, 13.
2. Le scribe du ms. lat. 10912 avait d'abord écrit *perpetratàs*; puis, on a exponctué *per* et corrigé le second *e* en *a*, ce qui donne *patratàs*, leçon qu'on retrouve dans le ms. lat. 6190.

deposcat. Tunc ducit debiles, confert munuscula, pervigil tenet excubias, prestolans repentina fore miracula, quę, ut diximus, aliquotiens permittuntur fieri a malignis spiritibus temptatorie, peccatis hominum precedentibus; quod tunc procul dubio evidentissime claruit. Multimodę quippe membrorum reformationes ibidem visę sunt extitisse ac insignia pendere oscillorum multiformia. Nec tamen Moriannę, vel Utzeticę, seu Gratinonę[1] urbium presules, in quorum diocesibus talia profanabantur, diligentiam hujus inquirendę rei adhibuere; quin potius conciliabula statuentes, in quibus nil aliud nisi inepti lucri questum a plebe, simul et favorem fallacię exigebant.

7. Interea Mainfredus, marchionum ditissimus, hujusmodi famam comperiens, misit e suis qui vi rapientes illud quod colebatur simulachrum, sibi deferrent, quem aestimabant martyrem venerandum. Ceperat enim isdem marchio constituere monasterium in Seutię castro[2], quod est inter Alpes antiquissimum, in honore Dei omnipotentis ejusdemque genitricis Mariae semper virginis, in quo etiam post expletionem operis illum cum aliis quamplurimis sanctorum pignoribus locare decreverat. Post paululum quoque, completo ęcclesię opere, statutoque dedicationis die, acersitis episcopis in gyro degentibus, cum quibus etiam sepe nominatus abba Willelmus[3], nonnullique abbates adfuerunt. Erat autem tunc ibidem predictus mango jam dicto marchionum percarissimus effectus; quippe quoniam spondebat se multo preciosiora sanctorum pignora in proximo revelaturum, quorum scilicet gesta et nomina atque passionum certamina ut cetera fallaciter confingebat. Qui cum a doctioribus quibusque interrogaretur qualiter talia pernosceret, minus verisimilia blatterans personabat; nam et egomet cum sepius nominato abbate illuc deveniens intereram. Aiebat

---

1. Corrigez *Gratianopolitane*.
2. Suse, dans les Alpes Cottiennes. Le monastère de Suse fut fondé vers 1027 et certainement avant 1029.
3. Guillaume, abbé de Saint-Bénigne de Dijon.

namque : « Apparet, inquiens, mihi noctu angelus, narrat-
que ac docet quæcumque me velle scire noverit, et tamdiu
apud me manet usque dum ego recedere compello. » Cum
vero ad hæc respondentes sciscitaremus an vigil seu in
somnis hoc cerneret, subjunxit : « Per singulas pene noctes
eripit me angelus a lectulo, uxore mea ignorante, qui post
multa colloquia salutans me atque deosculans recedit. »
Nos quoque expoliatum calliditatibus intelligentes menda-
cium, cognovimus virum non angelicum, quin potius
fraudis ac malignitatis ministrum[1].

8. Preterea pontifices rite peragentes, ob quam venerant,
ecclesie consecrationem, intromiserunt cum ceteris reliquiarum pignoribus ossa illius profani astu adinventa, non
tamen sine magna utriusque plebis exultatione, que innumerabilis illo convenerat. Contigit ergo ista fieri die XVI
kalendarum novembrium[2]. Iccirco nempe quoniam fautores
hujus erroris asserebant esse eadem Justi martyris ossa,
qui eo die Belvaco Galliarum passus urbe, cujus etiam
caput Autisiodoro, ubi natus et nutritus fuerat, relatum est
et habetur. Sed ego, qui rei veritatem noveram, frivolum
quod dicebatur asserebam. Elegantiores tamen virorum
persone, cognoscentes figmenta fallatie, fidem dabant
assertioni quam protuleram. Nocte denique insecuta visa
sunt a quibusdam monachorum seu aliorum religiosorum
monstruosa in eadem ecclesia fantasmata, atque a locello,
quo inclusa habebantur ossa, formas nigrorum Ethiopum
exisse necnon ab ecclesia recessisse. Et licet plures sane
mentis detestabile figmentum abhominandum clamarent,
vulgus tamen rusticane plebis mangonem corruptum, injusti
nomen pro Justo venerans, olim in suo permansit errore.
Nos autem iccirco ista retulimus, ut a multiformis demonum
seu humanorum errorum, qui in orbe passim habundant,
precipue in fontibus seu arboribus, ab egris incaute vene-
ratis caveatur.

---

1. Après le mot *ministrum* commence dans le ms. lat. 10912 une lacune qui
s'étend jusqu'à la fin du livre IV.
2. 17 octobre.

IV. DE FAME VALIDISSIMA QUE CONTIGIT IN ORBE TERRARUM.

9. Imminente igitur anno incarnati Christi millesimo tricesimo tercio, qui est a passione ejusdem Salvatoris millesimus, obiere viri in orbe Romano famosissimi sacreque religionis signiferi : Benedictus videlicet papa universalis[1], ac rex Francorum, ut jam diximus, Robertus[2]; Fulbertus[3] quoque Carnoti presulum incomparabilis, vir sapientissimus; necnon prenominatus pater monachorum fundatorque cenobiorum eximius Willelmus[4], de quo etiam perplura forent dicenda utilia, nisi quod in libello[5], quem de vita et virtutibus illius edidimus, prolata dudum fuisse noscuntur. Unum restat tamen quod novi ibidem minime contineri. Migravit enim predictus pater a seculo ad beatorum requiem in Neustrie partibus, in Fiscamnense[6] videlicet monasterio, supra mare Occeanum constituto, quod a Rotomagense urbe quadraginta fere milibus distat; sepultusque est, uti tantum condecebat virum, in loco optimo ejusdem ecclesie. Post aliquot vero dies contigit ut puerulus ferme decennis valida confectus egritudine ad sepulchrum illius gratia recuperande sanitatis duceretur, ibique a parentibus dimissus decubabat solus. Qui subito respiciens, vidit super eundem sepulchrum insidentem aviculam formam columbe preferentem; quam diu intuens obdormivit. Dehinc leni expletus somno, evigilans ita se repperit incolumem ac si nichil egritudinis persensisset. Suscipiunt itaque leti parentes suum; fit omnibus commune gaudium.

10. Sequenti itaque tempore[7], cepit in universo orbe terrarum fames convalescere ac interitus pene universi humani generis imminere. Nam temperies aeris sic intempestiva effecta est ut nullius sationis proveniret tempus

---

1. Benoît VIII, mort en 1024.
2. Robert, roi de France, mort le 20 juillet 1031.
3. Fulbert, évêque de Chartres, mort le 10 avril 1028.
4. Guillaume, abbé de Saint-Bénigne, mort le 1er janvier 1031.
5. Voyez plus haut la note de la p. 65.
6. Fécamp, auj. dans le dép. de la Seine-Inférieure. Le duc Richard II avait appelé Guillaume pour réformer l'abbaye de Fécamp.
7. Cf. *Miracula Sancti Benedicti*, éd. de Certain, p. 233.

congruum, nec messioni precipue ob inundantiam aquarum
foret oportunum. Videbantur enim inter se ipsa elementa
pugnam discordie agere, cum procul dubio vindictam
exercerent humane insolentie; assiduis enim imbribus ita
compluta erat universa tellus, ut in spacio trium annorum
nulli repperirentur sulci utiles seminibus. Tempore quoque
messis herbe agrestes atque infelix lolium totam operue-
rant superficiem agrorum. Modius quoque sementis, ubi
majus proficiebat, reddebat in messe sextarium, ipseque
sextarius vix referebat pugillum. Ceperat enim primitus
hec sterilitas ultionis in partibus Orientis; depopulando
Greciam devenit in Italiam, dehinc infusa per Gallias transiit ad universos Anglorum populos. Tunc vero constricta
tota gens indigentia victus, majores ac mediocres fame
pallebant cum pauperibus; cessit enim raptus potentum
universali inopie. Si quid ergo victus venundatus repperiebatur, arbitrio vendentis pro libitu erat excedere seu
accipere precium. Nam in plerisque locis fuit modii
precium sexaginta solidorum, alias quoque sextarius solidorum quindecim. Interea post esum bestiarum et volu-
crum, urgente fame acerrima, ceperunt homines preripere in cibum morticina queque ac dictu horrenda. Quidam
vero fecere confugium evadende mortis ad radices silvarum
herbasque fluviorum; sed ne quicquam; non ergo aufu-
gium ire ultionis Dei, nisi ad semetipsum. Horret denique
referre que tunc generi humano corruptiones acciderint.
Heu! proh dolor! quod olim raro audiri contigerit, tunc
rabida inedies compulit vorari ab hominibus humanas carnes. Arripiebantur autem viantes a se prevalentibus, men-
bratimque dividebantur igneque decocti[1] vorabantur. Multi
quoque de loco ad locum famem fugiendo pergentes hospi-
ciis recepti, noctuque jugulati, quibus suscepti sunt in
cibum fuerunt. Plerique vero pomo ostenso vel ovo pueris,
ad remota circumventos trucidatosque devoraverunt. Corpora defunctorum in locis plurimis ab humo evulsa nichilominus fami subvenerunt. Que denique rabiei insanies in

1. Le ms. porte *deoti*.

tantum excrevit ut tutius moraretur solitarium absque
raptore genus pecudum quam hominum. Nam veluti jam in
usum devenire deberet carnes humanas comedi, quidam
decoctas detulit venundandas in forum Trenorchii [1], ac si
fuissent alicujus pecudis. Qui deprehensus crimen flagitii
non negavit, deinde, artatus loris, igne crematus est.
Carnem autem illam humo absconsam alter effodiens noctu
comedit pari modo, et ille igne combustus est.

11. Est nempe ecclesia a civitate Matisconense tribus
fere milibus distans, in silva Castanedi sita, sine plebe
solitaria, Sancto Johanni dicata, juxta quam locaverat quidam feralis homo tugurium, qui ibidem multitudinem tran-
seuntium vel ad se divertentium trucidans, in nefandis-
simum sumsit edulium. Contigit siquidem una dierum ut
vir quidam cum muliere illuc divertens ad hospicium paulum conquievit. Dehinc, cum duceret oculos per angulos
tugurii, prospexit detruncata capita virorum ac mulierum
atque infantium. Qui protinus palluit, egredi cupiens ; sed
pestifer ille possessor tugurii renitens vi manere compellebat.
Sed ille pertimescens mortis decipulam, prevaluit conci-
tusque ad civitatem cum uxore perrexit. Ad quam veniens
quod compererat Ottoni comiti [2] ceterisque civibus indicavit. Qui protinus mittentes viros quamplurimos, qui rei
veritatem inquirerent pergentesque velocius, reppererunt
illum crudelissimum in suo tugurio cum quadraginta octo
capitibus trucidatorum, quorum carnes ore beluino vora-
verat. Quem deducentes ad civitatem, in quodam horreo
religatum ad stipitem, ut ipsi postmodum conspeximus,
igne combusserunt.

12. Tunc etiam pertemptatum est in eisdem partibus,
quod nusquam comperimus quempiam fecisse. Effodiebant
enim plerique albam humum argille similem, permis...es
quantum erat farine vel cantabro, exinde panes conficie-
bant, ut vel sic inedic mortis succurrerent; in hoc confi-

---

1. Tournus, dép. de Saône-et-Loire, arr. de Mâcon.
2. Otton, petit-fils d'Otte-Guillaume.

ciendo spes tantum erat evadendi, sed profectus inanis.
Tenebat igitur pallor et macilentia ora cunctorum, cutisque
distensa inflatione in plurioribus apparebat; ipseque voces
humane, perexiles effecte, garritus morientium avium
imitabantur. Tunc nichilominus e cadaveribus mortuorum,
passim pre multitudine sepultura carentibus, lupi ades-
cati post longum tempus predam cepere ex hominibus.
Et quoniam, ut diximus, sepeliri singulatim ob multitudinem non quibant, constructa in quibusdam locis a Deum
timentibus que vulgo dicuntur carnaria, in quibus quin-
genti, et eo amplius, seu quantum capere poterant, permix-
tim absque ordine projecta sunt seminuda vel absque
tegminibus defunctorum corpora; trivia quoque et agrorum sucsiciva pro cimiteriis habebantur. Si qui vero auditu
compererant quod melius haberent, si ad alia transirent
arva, perplures in itinere deficientes moriebantur.

13. Desevit enim in orbe terrarum, peccatis hominum
exigentibus, predicte pestilentie clades in spacium trium
annorum. Tunc in expensis egenorum distracta sunt ecclesiarum ornamenta dispertitique thesauri, qui ob hoc in
decretis patrum invenitur ibidem primitus fuisse repositos
sed quantum supererat vindicte juste ultionis, excessit
nimietas egenorum in plerisque locis thesauros ecclesiarum.
Nam et ipsi famelici, nimia affecti inedia, si contigisset
eos repleri cibo, distenti inflatione protinus moriebantur.
Alii autem cibos manibus contrectantes, ori temptantes
imponere sed conquiniscendo deficiebant, non valentes
explere quod cupiebant. Quantus enim dolor, tunc quanta
mesticia, qui singultus, qui planctus, que lacrime a talia
cernentibus date sint, precipue a viris ecclesiastice religionis, episcopis videlicet atque abbatibus, monachis et
sanctimonialibus, simulque omnibus in commune utriusque
sexus et ordinis Deum metuentibus, non valet stilus quispiam explicare caracteribus. Estimabatur enim ordo temporum et elementorum, preterita ab initio moderans secula,
in chaos decidisse perpetuum atque humani generis interitum. Illud preterea stupore nimio permirabillimum, quo-

niam in tam clandestina divine ultionis calamitate rarissime
repperiebantur qui pro talibus contrito corde et humiliato
corpore, ut expediebat, levarent corda cum manibus ad
Dominum sibique subveniendum interpellarent. Tunc
nempe Esaianum illud elogium nostro impletum est tempore quod dixit. « Populus non est conversus ad percutien-
tem se [1]. » Erat enim in hominibus quedam duricia cordis
cum ebetudine mentis. Et quoniam ille summus judex et
auctor totius bonitatis dat velle rogare se qui novit quando
debeat misereri.

V. DE PACE ET HABUNDANTIA ANNI MILLESIMI A PASSIONE DOMINI.

14. Anno a passione Domini millesimo [2], memorate cladis
penurias subsequente, sedatis nimborum imbribus, respectu
divine bonitatis et misericordie, cepit leta facies celi cla-
rescere congruisque ethereis flare placidaque serenitate
magnanimitatem Conditoris ostendere; telluris quoque
tota superficies amicabiliter virens frugum habundantiam
funditus inopiam expellendo portendere. Tunc ergo primitus cepere in Aquitanie partibus ab episcopis et abbatibus,
ceterisque viris sacre religionis devotis, ex universa plebe
coadunari conciliorum conventus, ad quos etiam multa
delata sunt corpora sanctorum atque innumerabiles sancta-
rum apoforete reliquiarum. Dehinc per Arelatensem provintiam, ac Lugdunensem, sicque per universam Burgundiam usque in ultimas Francie partes per universos episco-
patus indictum est, qualiter certis in locis a presulibus
magnatisque totius patrie de reformanda pace et sacre fidei
institutione celebrarentur concilia [3]. Quod etiam tota multitudo universe plebis audiens, letanter adiere maximi,
mediocres ac minimi, parati cuncti obedire quicquid pre-
ceptum fuisset a pastoribus ecclesie; non minus videlicet

---

1. *Isa.*, IX, 13.
2. L'an 1033. Voyez plus haut la note 1 de la page 90.
3. Voyez sur les tentatives faites par l'Eglise pour rétablir la paix : Pfister,
Etudes sur le règne de Robert le Pieux, p. 164 et suiv.

quam si vox emissa de celo hominibus in terra loqueretur.
Terrebat enim universos clades preteriti temporis, insta-
batque metus ne adipiscerentur opulentiam future ubertatis.

15. Erat quippe descriptio capitatim digesta, qua conti-
nebantur tam illa que fieri prohibebantur, quam ea que
devota sponsione omnipotenti Domino offerre decreverant.
In quibus potissimum erat de inviolabili pace conservanda
ut scilicet viri utriusque conditionis, cujuscumque antea
fuissent rei obnoxii, absque formidine procederent armis
vacui. Predo namque aut invasor alterius facultatis, legum
districtione artatus, vel donis facultatum, seu penis corporis acerrime mulctaretur. Locis nichilominus sacris omnium
ecclesiarum honor et reverentia talis exiberetur ut, si quis
ad ea cujuscumque culpe obnoxius confugium faceret,
inlesus evaderet, nisi solummodo ille qui pactum predicte
pacis violasset; hic tamen captus ab altare prestatutam vindictam lueret. Clericis similiter omnibus, monachis et
sanctimonialibus, ut, si quis cum eis per regionem pergeret, nullam vim ab aliquo pateretur.

16. Plurima autem in eisdem conciliis constituta sunt que
per longum duximus referre. Illud sane memorandum quod
omnibus in commune placuit, qualiter omnibus ebdoma-
dibus sanctione perpetua sexta die abstineretur a vino, et
a carnibus septima, nisi forte gravis infirmitas compelleret,
aut celeberrima sollempnitas interveniret; si vero effectio
aliqua intercederet, ut hic tenor paululum laxaretur, tres
proinde pauperes victu sustentarentur. Tunc innumere sani-
tates patrate sunt infirmantium in eisdem conventibus
sanctorum. Sed et ne cui frivolum videretur, in multis
disrupta cutis, discissaque caro crurium et brachiorum,
nuper curvorum, erigendo in statum pristinum plurimus
sanguis effundebatur. Quod utique in ceteris que dubitare
poterant fidem prestabat. Quibus universi tanto ardore
accensi ut per manus episcoporum baculum ad celum eleva-
rent, ipsique palmis extensis ad Deum : « Pax! pax! pax! »
unanimiter clamarent, ut esset videlicet signum perpetui
pacti de hoc quod spoponderant inter se et Deum. In hac

tamen ratione ut, evoluto quinquennio, confirmande pacis gratia, id ipsum ab universis in orbe fieret mirum in modum. Eodem denique anno tanta copia habundantie frumenti et vini, ceterarumque frugum extitit quanta in subsequente quinquennio contigisse spirari non potuit. Aliquis enim victus humanus, preter carnes seu deliciosa pulmentaria nullius erat precii : erat autem instar illius antiqui Mosaici magni jubelei. Sequenti vero anno tercio, et quarto, non minus provenit.

17. Sed heu ! pro dolor ! humana denique stirps, immemor beneficiorum Dei ab initio, prona ad malum, veluti canis ad vomitum, vel sus lota in ceni volutabrum, irritum in multis facere proprie sponsionis pactum. Et, sicut scriptum est : « Impinguatus et dilatatus recalcitravit[1]. » Nam ipsi primates utriusque ordinis in avariciam versi ceperunt exercere plurimas, ut olim fecerant vel etiam eo amplius, rapinas cupiditatis. Deinde mediocres ac minores exemplo majorum ad immania sunt flagitia devoluti. Quis enim umquam antea tantos incestus, tanta adulteria, tantas consanguinitatis inlicitas permixtiones, tot concubinarum ludibria, tot malorum emulationes audiverat? Insuper ad cumulum tanti mali, cum non essent in populo vel rari qui ceteros corrigentes talia redarguerent, impletum est prophete vaticinium quod ait : « Et erit sicut populus, sic sacerdos[2]. » Presertim, cum tunc in seculari potestate, tum etiam in ecclesiastica religione, totius regiminis persone constiterant in puerili etate; propter peccata enim populi contigit tunc illud Salomonicum, quod ait : « Ve tibi terre[3]. » Nam et ipse universalis papa Romanus, nepos scilicet duorum Benedicti atque Johannis, qui ei precesserant, puer ferme decennis, intercedente thesaurorum peccunia, electus extitit a Romanis[4], a quibus exinde fre-

1. *Deuter.*, XXXII, 15.
2. *Isa.*, XXIV, 2.
3. *Eccles.*, X, 16.
4. Benoît IX, fils d'Albéric, comte de Tusculum, neveu de Benoît VIII et de Jean XIX, créé pape en 1033. Les Romains le chassèrent de son siège en 1038, puis en 1044.

quenter ejectus ac inhoneste receptus, nulla potestate
viguit. Et, ut jam superius taxavimus, ceteros tunc temporis
ecclesiarum prelatos aurum potius vel argentum exaltabat
- quam meritum. Pro pudor! de his evidentissime Scriptura
ait, immo ob ipsius Dei principes : « Extiterunt et non
cognovi [1]. »

VI. DE CONFLUENTIA POPULI TOTIUS ORBIS QUE AD SEPULCHRUM DOMINI IHEROSOLIMIS FACTA EST.

18. Per idem tempus ex universo orbe tam innumerabilis multitudo cepit confluere ad Sepulchrum Salvatoris
Iherosolimis quantam nullus hominum prius sperare poterat. Primitus enim ordo inferioris plebis, deinde vero
mediocres, post hec permaximi quique reges et comites,
marchiones ac presules, ad ultimum vero, quod numquam
contigerat, mulieres multe nobiles cum pauperioribus illuc
perrexere. Pluribus enim erat mentis desiderium mori
priusquam ad propria reverterentur. Contigit enim ut quidam, a Burgundie partibus, ex Augustidunense territorio,
Lethbaldus nomine, cum ceteris illuc pergens deveniret.
Qui, prospectis locis omnium sacerrimis, cum ad illum
locum montis Oliveti devenisse contigit, ex quo Salvator
ad celos ascendens, tot cernentibus idoneis testibus, venturus inde judicare vivos et mortuos est repromissus,
proiciens se in crucis modum, toto prostratus corpore cum
lacrimis inenarrabile mentis jubilo exultavit in Domino.
Reerigens se idemtidem, palmis ad celum extensis, nisu
quo poterat corpus librabat in altum ac in voce hujusmodi
aperiebat mentis desiderium ; aiebat namque : « Domine
Ihesu, qui propter nos de sede majestatis tue ad terras
descendere dignatus es, ut genus humanum salvares, quique ex hoc loco, quem oculis intueor, carne vestitus
remeasti ad celos, unde veneras, obsecro tuam omnipotentem bonitatem ut, si hoc anno est, mea anima
ex hoc corpore migratura, non hinc recedam sed in

---

1. *Oseæ*, VIII, 4.

conspectu loci tue ascensionis fieri contingat. Credo enim
quoniam, sicut te secutus sum corpore, qualiter ad hunc
devenirem locum, sic anima mea inlesa et gaudens post te
sit ingressura ad Paradisum. » His peroratis reversus est
cum sociis ad hospicium. Erat autem jam hora prandii.
Ceteris vero discumbentibus, conversus ipse ad lectulum
vultu alacris, ac veluti gravi sopore paululum requieturus,
ilico namque obdormiscens ignoratur quid viderit. Protinus
dormiens exclamavit : « Gloria tibi Deus ! gloria tibi
Deus ! » Socii quoque hec audientes monebant illum ut
surgens comederet. Qui noluit, sed vertens se in latus
aliud dixit se pati aliquid incommodi ; recubansque usque
ad vesperum, convocatis sui itineris sociis, vivifice Eucha-
ristie requirens accepit viaticum, illisque dulciter salutatis
emisit spiritum. Iste procul dubio liber a vanitate, ob quam
multi proficiscuntur, ut solummodo mirabiles habeantur de
Iherosolimitano itinere, in nomine Domini Ihesu fideliter
petivit patrem, quod et accepit. Cujus socii revertentes
nobis ea que diximus retulerunt positis tunc apud Besue
monasterium[1].

19. Eodem quippe tempore, Odolricus, Aurelianorum
presul, illuc pergens, quid viderit nobisque narraverit non
pretermittendum videtur miraculum. Die igitur magni illius
sabbati[2], quo ignis mirabili Dei potentia veniens ab universo populo prestolatur, ibi cum ceteris isdem presul adstabat. Jamque dies ipsa in vesperum transiens, repente
penes horam qua sperabatur ignis affuturus, unus Sarracenorum scurra impudentissimus, ex plurima illorum multitudine, que annuatim semper unacum Christianis adesse
solet, exclamavit, ut Christianis mos est, cum primum
videtur : « Aios Kirrieleison ! » Cavillanter cachinnum
emisit, extensaque manu arripuit cereum de manu cujusdam Christiani, aufugere temptans. Qui ilico arreptus
a demonio turpiter nimium vexari cepit. Quem prose-

---

1. Bèze, auj. dans le dép. de la Côte-d'Or, arr. de Dijon.
2. Le samedi saint.

quens Christianus cereum abstulit. Ille vero tortus acerrime, protinus inter Sarracenorum manus exspiravit.
Quod factum omnibus in commune terrorem immisit;
Christicolis tamen gaudium et exultationem prebuit. Statim
vero, ut assolet, Dei virtute erumpens ignis ex una lampa-
darum, que septem ibidem pendere cernuntur, cursim eruc-
tuando ceteras inflammavit. Quam etiam cum suo oleo prefatus episcopus emens auri libra a Jordano, qui tunc
preerat patriarcha, secum detulit, atque in sede propria
reponens, plurima infirmis contulit beneficia. Detulit etiam
Roberto regi partem pergrandem venerabilis crucis Domini
Salvatoris, missam a Constantino imperatore Grecorum
cum multitudine palliorum olosericorum; cui isdem rex
miserat per eundem episcopum spatam, capulum habens
aureum, tecamque auream cum gemmis preciosissimis.

20. Tunc etiam inter ceteros Robertus [1], Normannorum
dux, cum ingenti multitudine sue gentis Iherosolimam
proficiscens, detulit secum plurima auri et argenti donaria
erogandi gratia. Qui, dum rediret, apud Niceam obiit
urbem [2], ibidemque sepultus quievit. De quo maximum
apud suos iccirco extitit justicium, quoniam non fuerat ei
proles ex matrimonio aliqua ad regimen suscipiendum pro-
viutie; quamlibet sororem Anglorum regis Canuc manifestum est duxisse uxorem, quam odiendo divortium fecerat,
ex concubina tamen filium [3] genuerat, Willelmi nomen
atavi ei imponens; cui, antequam proficisceretur, universos
sui ducaminis principes militaribus adstrinxit sacramentis,
qualiter illum in principem pro se, si non rediret, elige-
rent. Quod etiam statim, ex consensu regis Francorum
Heinrici, unanimiter postmodum firmaverunt. Fuit enim
usui a primo adventu ipsius gentis in Gallias, ut superius
pernotavimus, ex hujusmodi concubinarum commixtione
illorum principes extitisse; sed et hoc, ne supra modum

1. Robert succéda à son frère Richard III comme duc de Normandie en
1027 ou 1028. Il entreprit le pèlerinage de Jérusalem en 1035.
2. Le 2 juillet 1035.
3. Guillaume le Conquérant.

putetur abhominabile, licet comparationem de filiis concubinarum Jacob inducere, qui ob hoc non caruere paterna dignitate, inter ceteros fratres constituti patriarche. Et longo post inferiore tempore, singularis monarchie magnus imperii prothochristicola Constantinus ex concubina Helena legitur genitus fuisse.

21. Preterea, dum quidam de sollicitioribus, qui eo tempore habebantur, consulti a pluribus fuissent, quod tantus populorum concursus ad Iherosolimam designaret, olim seculi inauditus preteriti, responsum est a quibusdam satis caute non aliud portendere quam adventum illius perditi Antichristi, qui circa finem seculi istius, divina testante auctoritate, prestolatur affuturus. Tuncque gentibus universis via orientis plage, unde venturus est, patefacta, obviam illi cuncte nationes incunctanter sint processure. Revera, ut illud dominicum adimpleatur presagium, quoniam tunc in temptationem incident, si fieri potest, etiam electi. Hujus hic meta verbi, ceterum non negamus devotum laborem fidelium exinde premium seu mercedem percipere a justo Judice.

VII. DE PRELIIS SARRACENORUM ADVERSUS CHRISTIANOS IN AFFRICE PARTIBUS.

22. Sub hisdem vero temporibus consurgens rediviva Sarracenorum in Affrice partibus adversus Christianorum populum perfidia, persequendo eos terra marique quosquos repperire poterant, quosdam excoriabant vivos, alios trucidabant; et cum jam diu multumque inter utrosque debacatum plurima cede fuisset, pluresque strages ab utrisque partibus date, contigit ut ex deliberatione partis utriusque incomminus illorum acies pugnature devenirent. Illi presumentes confidebant in rabida feritate immense sue multitudinis, victores sese fore existimabant, nostri vero, licet admodum pauci numero, Dei omnipotentis auxilium invocantes, per interventum genitricis ipsius Marie sanctique apostolorum principis Petri omniumque sanctorum sperabant de illis fiducialiter obtinere

triumphum. Precipue quoque in voto quod in ipsius pro-
cinctu belli voventes sese obstrinxerant, ut, si videlicet
manus Domini valida gentem illam perfidissimam in manus
illorum concluderet, potito de illis triumpho, quicquid auri
argentique seu cetere suppellectilis ex eisdem capere contigisset, totum omnino ad locum Cluniaci apostolorum
principi Petro destinarent. Jam olim namque, ut superius
pernotavimus, plures ipsius gentis viri religiosi in eodem
cenobio sacri instituti habitum suscipientes, totam gentem
ad amorem ejusdem loci consciverant. Sed quid plura?
Inito pugne certamine, diu multumque congressum est.
Christiani tamen omnino inlesi victores apparebant; ad
ultimum quoque tantus horroris tremor invasit Sarracenorum exercitum ut, veluti pugne obliti, fugam arripere
temptantes, quamvis ne quicquam propriis irretiti jaculis,
immo virtute Dei stupentes heserunt, Christianorum vero
quantus erat cuneus divino fortificatus auxilio tanta eosdem
cede prostravit ut ex innumerabili multitudine illorum vix
pauci evaderent. Motget nempe princeps illorum, qui quasi
Moyses ita confuse nominatur, illo prelio dicitur defuisse.
Collectisque spoliis, confecerunt ex eisdem plurima argenti
talentorum pondera, memores voti quod Deo spoponderant. Est namque mos Sarracenorum ad prelia euntium,
ut sese faleris argenti vel auri plurimum peroruent; quod
tunc etiam devotioni nostrorum prestitit augmentum. Qui
protinus miserunt quicquid exinde provenit, ut voverant,
ad Cluniense monasterium; ex quibus venerabilis ejusdem
loci abba Odilo ciborium super altare sancti Petri per-
honestissimum fieri precepit. Cetera vero liberali dispensatione famosissime, ut decebat, erogari indigentibus usque
ad assem mandavit. Sarracenorum nichilominus tumultua-
tio ad presens conquassata quievit.

VIII. DE LEUTICORUM PRELIO ADVERSUS CHRISTIANOS
IN PARTIBUS AQUILONIS.

23. Germania igitur, que a Reno flumine sursum versus
ad Aquilonarem orbis plagam tendens sumit exordium,

gentibus incolitur quamplurimis ferocissimis, tamen atque
promiscuis. Inter quas una ceteris crudelior commanens in
ultima parte secunde Retie. Nam prima Retia, licet a Renô
utreque dicantur, in parte ejusdem Reni conjacet occidentali. Que scilicet corrupte regnum Lotharii vulgo nuncupatur[1]. In altera, ut diximus, gens Leuticorum barbara omni
crudelitate ferocior; cujus vocabulum a luto dirivatur. Est
enim omnis illorum habitatio circa mare aquilonare in
paludibus sordentibus, et iccirco Leutici quasi lutei vocan-
tur. Hi quoque, anno a passione Domini millesimo[2], de
suis egressi latibulis, vicinas sibi provintias Saxonum ac
Bajoariorum nimium crudeliter devastantes, Christianorum
res ad solum usque deleverunt; viros ac mulieres truci-
dantes exterminabant; adversus quos imperator Chounradus[3] cum exercitu permaximo egrediens multotiens
plures ex illis cede prostravit, non tamen sine dampno
suorum; ob quam rem totius ecclesie clerus ac plebs
regni sui, semet affligentes, Dominum rogaverunt, ut
ultionis vindictam de tanta Barbarorum vesania illi conce-
deret, ut ad sui nominis honorem Christianis foret ex illis
victoria. Dehinc vero irruens super eos, maximam illorum
partem contrivit. Ceteri fuge presidium arripientes, ad
loca suarum paludum inaccessibilia nimium perterriti eva-
serunt; de qua victoria isdem imperator accepta confiden-
tia, rursum collecto exercitu, Italiam pergens, ad ipsam
urbem Romam progrediens universos rebelliones, qui contra eum insurgere temptaverant, anno integro ibidem
degens, proterendo compescuit. Pactum etiam securitatis
et amicitie, veluti Heinricus cum patre illius egerat[4], cum
rege Francorum Heinrico, filio Roberti, statuit, cui etiam

---

1. La Lorraine. La confusion commise ici par Raoul Glaber entre la Rhétie
et la Lorraine est étrange. Les éditeurs du *Rec. des histor. de France* disent à
ce propos : « Dire que la partie occidentale du Rhin, dite le royaume de
Lothaire ou la Lorraine, a été appelée dans un temps Rhétie, c'est controuver
une chose dont aucun géographe n'a entendu parler. Ce qu'il débite pareille-
ment du nom de Rhétie comme tiré du Rhin est une autre absurdité. »
2. C'est-à-dire l'an 1033.
3. Conrad II.
4. Voyez plus haut, l. III, c. II. § 8, p. 58.

leonem pergrandem amicitie gratis misit. Qui postmodum uxorem nomine Mathildem, moribus egregiam, de regno ejus ex Germanie nobilioribus accepit.

IX. DE SIGNO QUOD IN SOLE APPARUIT.

24. Anno igitur eodem, die dominice passionis, M°, die tercio kalendarum Juliarum, sexta feria[1], luna vicesima octava, facta est eclypsis seu deliquium solis ab hora ejusdem diei sexta usque in octavam nimium terribilis. Nam sol ipse factus est saphirini coloris, gerens in superiori parte speciem lune a sua reilluminatione quarte. Intuitus hominum in alterutrum, velut mortuorum pallor, conspiciebatur. Res vero quecumque sub aere croci coloris esse cernebantur. Tunc corda humani generis stupor ac pavor tenuit inmensus. Quoniam illud intuentes intelligebant portendere quiddam fore superventure cladis humano generi triste. Nam eadem die, natale videlicet apostolorum in ecclesia Beati Petri, quidam de principibus Romanorum conspirantes insurrexerunt in papam Romanum[2], cupientes illum interimere, sed minime valentes, a sede tamen propria expulerunt. Sed, ut premisimus[3], tam pro hac re quam pro aliis insolenter patratis, imperator illuc proficiscens proprie sedi restituit.

25. Necnon et alia passim in orbe, cum in ecclesiasticis, tum etiam in rebus secularibus, multa contra jus fasque patrata contigerunt. Instinctu nempe rapide cupiditatis pene nullius tuta fides in altero, que est fundamentum et columen totius boni, repperiebatur. Et ut evidentius foret quod peccata terre celos pulsarent, sicut propheta clamat, propter creberrimas populi iniquitates : « Sanguis, inquit, sanguinem tetigit. » Nam postmodum pene, in universis mortalium ordinibus, insolentia pullulante, ac vigore juste severitatis tenorisque tepescente, ut illud apostolicum

---

1. Le vendredi 29 juin 1033.
2. Benoît IX.
3. L. IV, c. V, § 17.

nostre genti rectissime potuisset improbari elogium, quod ait : « Auditur inter vos nefas quod nec inter gentes. » Nam, impudentissima avaricia humana pectora invadente, periclitabatur fides in cunctis. Exinde procedebant rapine et incestus, litigia cecarum cupiditatum; furta et adulteria inmanissima; pro pudor! horrori erat cuique referre de se quod sentiebat. Nemo tamen propter hoc a nefario malitie usu sese corrigebat.

26. Iterum quoque, post annos quatuor[1] facta est eclypsis solis, undecimo die kalendarum septembrium, feria quarta, hora sexta, atque, ut semper fit, luna vicesima octava. Eodem nichilominus anno, Chounradus, cujus superius mentionem fecimus, apud Saxoniam, Romanorum obiit imperator. Cujus filius Heinricus[2] nomine, quem ipse vivens pro se regem constituerat[3], imperavit. Willelmus[4] etiam, Pictavorum comes, multis peccuniis liber a captione qua filius Fulconis, Gozfredus cognomento Martellus, illum in prelio capiens[5] spacio trium annorum tenuerat, ad propria remeans, ipso in anno finem vite habuit. Hugo quoque, Autisiodorensis episcopus, vir nominatissimus vivendi finem fecit. Similiter Rainaldus, comes ejusdem civitatis, Laudrici comitis filius, qui filiam Roberti regis duxerat uxorem; ipse quidem audax a quodam milite generis infimi audacter interemptus est. Is quoque pertimescens ob audatiam, sicuti contigit prepropere, sibi funus imminere, dum adhuc viveret abbatiam in honore Domini Salvatoris constructam, monasterio Beati Germani ex integro perpetualiter possidendam restituit, quo etiam sepultus quiescit. Preterea Fulco, Andegavorum comes, de quo superius quedam retulimus[6], ter Iherosolimam jam perrexerat, veniensque

---

1. C'est en 1039, le mercredi 22 août, par conséquent six ans après l'éclipse signalée plus haut, qu'eut lieu l'éclipse de soleil notée ici par Raoul Glaber. La même année, le 4 juin, Conrad II mourut à Utrecht.
2. Henri III.
3. En 1026.
4. Guillaume IV, comte de Poitiers, fils de Guillaume le Grand.
5. Guillaume avait été fait prisonnier à la bataille de Moncontour le 20 septembre 1034.
6. Voyez l. II, c. III et IV.

Metensem urbem ibidem obiit[1]. Cujus corpus Lucacense ad monasterium, quod ipse construxerat[2], delatum est atque in eodem sepultum honorifice.

Explicit liber quartus.

INCIPIT LIBER QUINTUS.[3]

1. Rerum diversarum permutationibus ac variarum casuum eventibus attonitę aures mentesque obtusę[4] seu hebetatę universorum tunc temporis pęne mortalium, tum etiam infestationibus sinistrorum spirituum, aliquibus tamen revelationum utilium fantasię manifestatę fuisse creberrime ferebantur. Cuidam namque monacho una noctium visum est, hora qua matutinale agitatum est signum, adfuisse sibi quendam teterrimum, qui eidem plura persuadendo inferebat hujusce [modi] colloquium : « Cur, inquiens, vos monachi tot labores, tot vigilias atque jejunia, necnon afflictiones et psalmodias, pluresque alias humiliationes exercetis extra communem aliorum hominum usum? Nonne innumerabiles sęcularium homines, usque ad vitę terminum in diversis flagitiis perseverantes, eandem tamen percepturi quam vos expectatis requiem? Sufficeret enim unus dies, vel una hora, ad promerenda premia aeternę beatitudinis vestrę justitię. Nam et tu ipse, miror qua de causa tam sollicitus mox ut audis signum velociter exsurgis a lecto, rumpisque dulcem somni quietem, cum posses quieti indulgere vel usque ad tertium signum. Est etiam quod tibi pandam secretum valde memorabile, licet nostre sit partis dispendium, vestrę quoque salutare remedium. Nam constat omnibus annis, die qua

---

1. En 1040.
2. Voyez l. II, c. IV, p. 32.
3. Ici reprend le texte du ms. lat. 10912.
4. Le ms. lat. 10912 porte *obtunse* corr. en *obtuse* par le ms. lat. 6190.

Christus resurgens ex mortuis vitam reparavit humani
generis, ab eodem universa spoliari tartara et suos quoque
reduci ad supera; pro qua re nil vobis pertimescendum.
Quicquid libuerit voluptatum carnis ac desideriorum securi
agere potestis. » Hęc nempe, et alia perplura, sicuti erat
falacissimus demon, eidem monacho illudens frivola retulit,
adeoque illum illexit, ut communi fratrum sinaxi matutinali
defuerit. Illud sane, quod de dominica resurrectione seduc-
torie confinxit, verba sacri redarguunt Evangelii, quę
dicunt : « Multa corpora sanctorum quę dormierant
surrexerunt[1]. » Non inquiunt omnia, sed multa; et ita revera
profitetur fides catholica. Licet enim aliquoties, vera
Omnipotentis prescientia disponente, fallacissimi omnino
dęmones minus irrita prenuntient, tamen quantum ex
illorum deliberatione fit, perfunctoria ac seductoria constant; vel etiam, si contigerit, ex parte quę presagantur ab
eisdem fieri, non plane saluti humanę sunt profutura, nisi
forte divina fiat providentia ob correctionis sollertiam.

2. Hujusmodi igitur mihimet nuperrime multoties, Deo
propitiante, palam est contigisse. Nam dum aliquando in
beati martyris Leodegarii monasterio, quod Capellis cognominatur[2], positus degerem, nocte quadam, ante matuti-
nalem sinaxim, adstitit mihi ex parte pedum lectuli forma
homunculi teterrimę speciei. Erat enim, quantum a me
dignosci potuit, statura mediocris, collo gracili, facie
macilenta, oculis nigerrimis, fronte rugosa et contracta,
depressis naribus, os exporrectum, labellis tumentibus,
mento substracto ac perangusto, barba caprina, aures irtas
et pręacutas, capillis stantibus et incompositis, dentibus
caninis, occipitio acuto, pectore tumido, dorso gibato,
clunibus agitantibus vestibus sordidis, conatu aestuans, ac
tota corpore preceps; arripiensque summitatem strati in
quo cubabam, totum terribiliter concussit lectulum, ac

---

1. *Matth.*, XXVII, 52.
2. Saint-Léger de Champeaux, monastère du diocèse de Langres, soumis
par Hugues Capet à l'abbaye de Saint-Germain d'Auxerre ; auj. Saint-Léger,
dép. de la Côte-d'Or, arr. de Dijon.

deinde infit : « Non tu in hoc loco ultra manebis. ». At ego
territus evigilansque, sicuti repente fieri contingit, aspexi
talem quem prescripsi. Ipse vero infrendens idemtidem
aiebat : « Non hic ultra manebis. » Ilico denique a lectulo
exiliens cucurri in monasterium, atque ante altare sanc-
tissimi patris Benedicti prostratus, ac nimium pavefactus,
diutine decubui, cepique acerrime ad memoriam reducere
quicquid ab ineunte aetate offensionum graviumque pecca-
minum procaciter seu neglegenter commiseram ; tum
precipue, quoniam pene nulla penitudinis satisfactio, ob
amorem seu timorem divinitatis, a me exinde successerat.
Ita quoque miser et confusus jacens, non habebam quid
potissimum dicerem nisi tantum : « Domine Ihesu, qui
venisti peccatores salvos facere, secundum magnam misericordiam tuam, miserere mihi. »

3. Interea, confiteri non erubesco, me non solum in
peccatis parentum meorum genitum fuisse, verum etiam
moribus inportunum, et actibus intolerabilem plusquam
narrari queat extitisse. Vi etiam cujusdam monachi, mei
scilicet avunculi, abstractus a perversissima, quam pre
ceteris agebam secularis vite vanitate, cum essem ferme
duodennis, atque monachili indutus habitu, heu! pro
dolor! quoniam veste solummodo non mente mutatus.
Quecumque enim a patribus vel spiritalibus fratribus mo-
desta et sancta caritative mihi suggererentur, truculenti
animi inflatione turgidum scutum cordis gerens, dictante
superbia, ne salubria me contingerent opponebam. Dehinc
senioribus non oboediens, coequalibus molestus, juvenioribus
onerosus, atque, ut vere fatear, universis mei presentia
gravedo erat, levamen absentia. Preterea his et hujusmodi
predicti loci fratres instigati expulerunt me a contubernio
sue habitationis, tamen scientes non defore mihi locum
quempiam commanendi, tantum ob litteratoriam notionem.
Hoc etiam persepe expertum fuerat. ————— ————

4. Post hec igitur, in monasterio Sancti Benigni Divionensis martyris locatus, non dispar, immo isdem mihi visus

est in dormitorio fratrum. Incipiente aurora diei, currens
exiit a domo latrinarum taliter inclamando : « Meus bacallaris ubi est? meus bacallaris ubi est? » Sequenti quoque
die, eadem fere hora, aufugiens abiit exinde quidam frater
juvenis, mente levissimus, Theodericus nomine, rejectoque
habitu, per aliquod temporis spacium seculariter vixit. Qui
postmodum corde compunctus ad propositum sacri ordinis
rediit.

5. Tercio quoque cum apud cenobium Beatę semperque
virginis Marię, cognomento Meleredensę [1] demorarer, una
noctium, dum matutinorum pulsaretur signum et ego labore
quodam fessus, non, ut debueram, mox ut auditum fuerat,
exsurrexissem, mecumque aliqui remansissent, quos videlicet prava consuetudo illexerat, ceteris ad ecclesiam
concurrentibus. Egrediens autem post fratrum vestigia
hanelus ascendit gradum presignatus demon, ad dorsum
manibus reductis, herensque parieti bis terque repetebat
dicens : « Ego sum, ego sum, qui sto cum illis qui
remanent. » Qua voce excitus caput elevans, vidi recognos-
cens quem bis dudum jam videram. Post diem vero tertium
unus ex illis fratribus qui, ut diximus, clancule cubitare
soliti fuerant, procaciter a monasterio egressus, prefato
demone instigante, sex dies extra monasterium cum secularibus tumultuose mansit; septima tamen die correptus
recipitur. Profecto, ut beatus Gregorius testatur, quibusdam hęc apparent ad sui detrimentum, aliquibus vero
ad emendationis emolumentum, quod mihi contingat ad
salutem orari ac provenire opto per Dominum Ihesum
redemptorem nostrum.

6. Illud nempe attentius est memorię commendandum,
quoniam, dum manifestissima prodigia in corpore adhuc
constitutis, sive per bonos, seu per sinistros spiritus
ostententur, non illos diutius in hac carne victuros quibus
hujusmodi videre contigerit. Hujus quoque assertionis
experimenta multa comperimus, ex quibus etiam nonnulla

---

1. Abbaye de Moutiers; auj. dans le dép. de l'Yonne, arr. d'Auxerre, canton
de Saint-Sauveur.

memorie commendari placuit, ut, quotties evenerit, cautelam inferant potius quam deceptionem. Apud castrum Tarnoderensem[1], erat quidam presbiter religiose degens, Frotterius nomine, tempore quo Bruno Lingonum presulatum tenebat[2]. Hic vero, una dierum dominica jam vesperascente, cum cenaturus esset, exivit paululum se relevandi gratia ad fenestras domus suę, prospiciensque vidit a septentrionali parte egredi acies equitum veluti in prelium innumerę multitudinis pergentes ad occidentem. Quas cum diu multumque intuitus fuisset, estuans vocare quempiam ę suis ad testimonium tanti ostentus. Dum autem cepit clamare ut occurreretur, rarescendo protinus disparuerunt. Ipse quoque, tanto animi terrore perculsus, ut vix a lacrimis se continere posset. Dehinc cepit infirmari, eodemque anno, ut optime vixerat, obiit. Portento denique subtractus quod vidit, illi qui persensere testes fuerunt. Nam sequenti anno[3], filius regis Rotberti, Heinricus, qui post illum regnavit, ad eundem castrum ira permotus veniens cum ingenti excercitu, multa ibidem hominum cedes ab utraque parte patrata est.

7. De hoc profecto constat quoniam ea quę viderat et sibi prospexit et aliis. Licet dissimiliter, mirifice tamen, apud Autissioderum, in ęcclesia Beati Germani contigisse meminimus. Erat ibidem frater Gerardus nomine, cui mos erat post sollemnes matutinales in oratorio remorari. Huic contigit quodam mane, ut inter orationes obdormisceret. Qui protinus gravi somno depressus, velut exanimis, delatus est foras monasterii, sed qualiter aut a quibus hucusque nescitur. Qui expergefactus repperit se in claustro extra monasterium ejectum, admirans indicibiliter quod factum de sese cernebat. Simili quippe modo contigit cuidam presbitero, in eodem monasterio pernoctanti, dum in subterioribus criptis, ubi multa sanctorum requiescunt corpora,

---

1. Tonnerre, chef-lieu d'arr. du dép. de l'Yonne.
2. Brunon, évêque de Langres, est mort en 1016.
3. Vraisemblablement en 1015, la même année que Robert assiégea Dijon et acheva la conquête de la Bourgogne.

obdormiret, circa galli cantum, repperit semet asportatum
post chorum monachorum. Nam et de eadem ecclesia certa
relatio constat, quoniam, si contigerit noctu luminare
extingui, quousque reaccendatur custodes ejusdem ecclesie
nullam quietem posse consequi. Preterea fuit ibidem
quidam frater, qui solitus erat ad altare Sanctę Marię, quod
excellentissime constat, frequenter orare ac gemitus et
compunctionis lacrimas fundere; unum ergo ei erat, quod
pene universis accidit, inter oratum frequenter spuere ac
delumbe salivam [1] emittere. Contigit vero aliquando ut
somno depressus obdormiret. Apparuit ei stans juxta
altare quidam candidis indumentis circumdatus, preferens
in manibus pannum candidissimum atque in hujusmodi
erumpebat verba : « Cur me, inquiens, sputis propriis
verberando inlinis? Nam ego, ut cernis, suscipio munus
tuarum orationum, deferens illud ad conspectum misericordissimi Judicis. » Qua visione correptus frater ille et sese
continuit, et ceteros, ut se, in quantum valerent, in sacris
locis continerent, ammonere curavit. Et licet hoc, natura
dictante, proveniat, tamen implerisque locis gentium omni·
modis abstinetur in ecclesia ab screationum sputis, nisi
forte suscepta fuerint delatura exinde foras in quibusdam
receptaculis, et precipue apud Grecos ubi semper tenor
ecclesiasticus cautissime viguit.

 8. Clarere igitur locum predictum diutine meritis Beati
Germani, ac ceterorum sanctorum, ibidem quiescentium,
signis et prodigiis, tam in donis sanitatum quam in ultio-
num vindictis ad se pertinentia diripientium, manifestissi-
mum est. Si qui nempe de primatibus patrię, hujus loci
rerum invasores seu diremptores increverunt, Deus exinde
ultor ipsorum genus cum suis rebus in obprobrium et pene
ad nichilum redigere consuevit. Hujus enim testimonium
inter cetera nostrę assertionis evidens extat ultio generis
cujusdam Bovonis, necnon et filii ejus Alwalonis, creberri-

---

1. Le ms. lat. 10912 porte *salivi* corrigé en *salivam* par le ms. lat. 6190.

maque confusio Silliniaci[1] sacrilegissimi castri. Preterea
egomet, quondam rogatus a conservis et fratribus nostris
ejusdem loci, ut altariorum titulos, qui a scolasticis viris
compositi olim fuerant, sed vetustate, ut pene cuncta,
fatescente minime comparebant, reformarem; quod, ut
competens erat, libenti animo quomodo valebam adimplere
studui Sed priusquam ad cepti operis calcem opus perdu-
cerem, ex nimia corporis statione, ut reor, nocte quadam
in strato conquiniscens ita contractus menbris omnibus
hicterica passione ut non erigere memet neque in latus
aliud vertere ullomodo valerem. Post triduum vero insecuta
nocte nimiis detento angustiis apparuit mihi vir canicie
venerandus qui me in somnis per brachium erigens aiebat :
« Exple quantotius quod cepisti, dolere ultra ne paveas. »
Ilico vero expergefactus admirans memet excutiensque a
lectulo, cucurri ad altare victoriosorum martyrum Victoris
videlicet Apollinarisque ac Georgii, quoniam illorum orato-
rium contiguum erat domui infirmorum ; ibique universorum Deo humillimas grates referens alacer matutinales
explevi sollemnes. Die vero insecuta, toto integerrime
valens corpore, eorundem martyrum nominibus propriis
ibidem conposui titulum. Ecclesie denique majoris erant
altaria numero viginti duo, quibus, ut decens erat, titulis
synopi de versibus exametris convenienter digestis sancto-
rumque epitaphiis reparatis, religiosorum etiam virorum
quorundam tumulos itidem perhornare curavi. Quod sane
mentis hominibus admodum placabile fuit. Sed, ut pater
Odilo sepius plangere solitus fuerat, ita contigit : « Heu
pro dolor ! inquiens; quoniam nevum invidentie licet in
ceteris grassetur hominibus tamen in sinibus aliquorum
monachiliter vivere professis cubile sibi locavit. » Nam

1. Seignelay, dép. de l'Yonne, chef-lieu de canton de l'arr. d'Auxerre. — Les luttes entre les seigneurs de la famille de Bovon et l'abbaye de Saint-Germain d'Auxerre se prolongèrent longtemps encore ; car on retrouve dans un ms. de la bibliothèque de l'Université de Leyde *(Cod. Vossianus latinus 41)* un fragment intéressant d'un accord survenu en 1106 entre l'abbaye de Saint-Germain et un certain *Awalon*, au sujet de leurs droits réciproques sur Seignelay et d'autres villas voisines ; il n'est pas douteux que cet Awalon ne soit ou bien le personnage même dont parle Raoul Glaber, ou plutôt un de ses descendants.

quidam a sui monasterii fratribus exosus discedens venit ad
nostros ; a quibus, ut mos illorum semper fuit, devote
susceptus est. Is autem veneno invidię infecit abbatem cum
aliquibus monachis, conpellens in tantum adversum me
odium ut prescriptos altariorum titulos destruerent universos. Sed protinus Deo ultore adfuit illi ve vindex qui
incentor exstiterat fraternę discordię. Multatus enim ilico
damnabili oculorum cecitate, offendens pedibus inrecupe-
rabiliter usque in finem vitę suę. Cujus denique rei eventus
tam vicinis quam longe positis non minimam prebuit ammi-
rationem.

· 9. Contigit ibidem ipso in tempore ut aliqui e fratribus
subinde migrarent ab hac luce. Quorum unus ·nomine
Walterius, cognomento, ut erat statura, Pusillus, ac
natura simplicissimus, incipiente nocte · magni sabbati
resurrectionis dominicę et ipse obiit. Apparuit enim in
hora sui exitus innumerabilibus viris ac mulieribus columna
lucis ignea a culmine monasterii ad celum usque pertin-
gens. Quibus nempe non dubium fuit misericordissimi Dei
actum largitione qui animam fratris istius suę gloriosę
resurrectionis voluit participem fore ac viventibus innocen-
tię viam demonstrare.

10. Quęri solet a nonnullis cur tempore novę legis vel
gratię non manifeste sicut antiquitus fiunt visiones divinitus
ac rerum miracula. Quibus paucis respondendum est ex
ipsius divinę Scripturę testimoniis, si tamen cor illorum
capax fuerit Sancti Spiritus donorum. Libet quoque ut Deu-
teronomium evidens primitus exhibeat testimonium. Postquam enim populus Hebręorum, pastus quadraginta annorum cęleste manna, Jordanem transiens in terram venit
Chanaan, cessavit celum pluere illud nec ultra usi sunt
tali cibo filii Israhel. Quid igitur in hoc facto nobis innuit,
quibus pene omnia in figura contingunt nisi quod transito
nostro Jordane, id est Christi baptismate, non ultra presa-
giorum celitus signa debere inquiri? Sed potius nobis debet
panis vivus ille sufficere, quo quis vescetur vivet in ęter-

num possessurus terram viventium. Rursus vero ex precepto
Domini constitutum est a Moyse ut queque vasa ex preda
hostium illi populo provenirent lignea aqua expiarentur et
enea igne. Simili quoque modo figuraliter exprimit quoniam vasa idem homines qui ex preda hostis antiqui in
partem cesserunt Salvatoris aqua baptismatis atque igne
martyrii purificandi essent. Non minus etiam virgeus ille
serpens, qui Moysi pavorem incussit, ita ut fugeret illum,
et rursus accipiens illum caudetenus, effectus est virga,
typice in hoc facto perspiciendus est. Signatur per serpen-
tem ex virga factum deitatis potentia ex sancte Marie virginis carne induta. Per Moysen enim judaicus populus, qui
cernens Dominum Ihesum verum Deum et hominem, fugit
ab eo incredulus; sed recipiet illum circa finem seculi,
quod exprimitur per caudam serpentis. Ille quoque transitus maris Rubri, in quo illud mare divisum vel excicatum
est; deinde gentes ex precepto Domini gladio extirpate
evidenter signant regnum Israhelitice gentis temporaliter
subsistens marcescendo adnullari. In initio quippe nove
gratie vel regni Christi stans Dominus Ihesus atque ambu-
lans super fluctus maris, ac Petro quem ecclesie sue prefe-
cerat secum ambulare concessit; sed quid hoc facto fidelibus
universis innuitur nisi quod, subactis gentibus universis et
non funditus perditis vel extirpatis, ex eisdem stabilietur
Christi regnum per secula mansurum? Est enim frequens
adtestatio divini sermonis, quod videlicet mare figuram
gerat presentis seculi.

11. Sepe igitur dum aliquis rem permaximam verbis
elucidare cupit, in sese deficiens minuit, ut Scriptura
dicit : « Qui scrutator est majestatis, opprimitur a gloria [1]. » Sed cur ista premisimus breviter intimabimus.
Constat enim mysterium eucaristie paucissimis perspicuum;
dum sit pene mortalibus universis incognitum, sicuti
cetera que fide constant et intuitum oculorum non expos-
cunt. Illud precipue commonendum quod corporis et san-

---

1. *Prov.*, XXV, 27.

guinis Domini Ihesu Christi vivificans confectio existi-
metur, nullatenus in sese pati dispendium aut casu aliquo
incurrere periculum. Si quando autem videtur conlabi seu
deperire per neglegentiam sibi tractantium, restat eisdem,
si non alacriter penituerint, damnationis juditium. Ac cum
Dominus dixerit : « Qui manducat meam carnem et bibit
meum sanguinem habet vitam aeternam, et ego resuscitabo
eum [1] » Nullo modo putare debemus ut quodquam animal,
preter hominem, carnis resurrectionem percipiat; sed nec
nisi fidelis etiam eucaristiam percipit ad salutem. Denique
exstitit quidam nostro in tempore in clericali habitu, dum
jure culparetur quodam crimine, contigit ut sumeret
audacter juditio examinationis donum eucaristię, calicis
videlicet sanguinis Christi. Cui protinus per medium umbi-
lici egredi visa est pars candidissima quam sumserat ejusdem sacrificii, dans procul dubio evidens inditium reatus
se indigne percipientis ; ilico vero confitens quod prius
negaverat digne penituit. In Cabilonensi quoque pago ob
imminentem cladem vidimus qui videre ex pane sacrato
veram carnem effectam. Apud Divionem castrum eodem
tempore, dum a quodam deferretur cuidam egrotanti, casu
excedit e manu ferentis; qui attente quęrens repperire
minime potuit. Post annum vero evolutum repertum est
juxta viam publicam ubi sub divo ceciderat, ita candidum
atque incontaminatum ac si hora eadem cecidisset. Lugduni
denique, in monasterio Barbarense [2], dum quidam, ut
credi debet, inconvenienter bustulam vel pixidem, in qua
servabatur, ut mos est, adtractare vellet, e manibus illius
sese eripiens longius in aere stetit.

12. De crismale etiam quod a quibusdam corporalis
appellatur plurimum expertum est pręstare remedia, si
fides exigentium non fuerit dubia. Nam contra incendia
sepius elevatum, aut extinguendo compescuit, aut retror-
sum pepulit, sed in partem alteram retorsit. Menbra

1. *Joan.*, VI, 55.
2. Monastère Saint-Martin de l'Ile-Barbe.

quippe egrorum dolentia multoties sana restituit, febrici-
tantibus nichilominus impositum salutem contulit. Apud
monasterium Reomense [1], tempore venerabilis Willelmi
abbatis [2], casu contigit ut incendium circumjacentia monasterii depopularetur. Arripientes autem ejusdem loci fratres
crismale conto impositum, elevaverunt illud contra incen-
dii flammas dire flagrantes. Statim vero isdem ignis in sese
retorquens minime amplius quam invaserat arrippere valuit.
Pannus tamen ille dominicus, aura flante a contulo elapsus
plus minus duobus miliariis avolavit usque ad villam, cui
Tivalgas [3] vocabulum est, ibique super domum cujusdam
veniens sedit [4]; quo prosecutus ad monasterium dignanter
est delatus. Contigerat enim, ipso anno die Pascę in ęccle-
sià quę monasterio adjacet, Beati Pauli nomini dicata, ut
calix vivifici sanguinis de sacerdotis manibus in terram
laberetur. Sed ut predictus pater comperit, ut erat vir
sollertis ingenii, tribus e suis monachis hujus delicti
culpam penitere precepit, videlicet pertimescens ne forte
culpa insipientis presbiteri involveret suos cum illo ad vindictam ultionis; quod etiam fecisset, si non obstitisset
providentia sagacis viri, ut rei probavit eventus. Atque
idcirco ista premisimus ut intimaremus fidenter credere
quoniam sicubi casus hujus sacri ac vivifici doni neglegenter
evenerit, ultionis cladem divinitus imminere ac subsequi;
quemadmodum versa vice quolibet in loco condigne illud
tractari contigerit habundare bonorum commodis universis.

13. Sed et illius magnifici misterii celebratio, quantum
prosit animabus defunctorum fidelium, cum in multis sit
probatissimum, libet tamen e diversis presentialiter produ-
cere ad medium unum. In remotioribus Africę partibus
erat quidam anachorita, de quo ferebatur quod spatium
viginti annorum tenebat illum omnino segregatum a cons-

---

1. Moutiers-Saint-Jean, auj. dép. de la Côte-d'Or, arr. de Semur, canton
de Montbard.
2. Guillaume, abbé de Saint-Bénigne de Dijon; vers 1015 le roi Robert lui
retira l'abbaye de Moutiers-Saint-Jean.
3. Tivauche, Côte-d'Or, canton de Semur, commune de Corsaint.
4. Le ms. lat. 10912 porte *sidit* corrigé en *sedit* par le ms. lat. 6190.

pectu ullius hominis. Vivebat enim labore manuum et radicibus herbarum. Contigit ut homuntio quidam civis Marsiliensis[1], unus ex illis circuitoribus regionum, qui numquam saturantur experientia et novitatibus locorum, illuc pergens deveniret; qui famam illius anachoritę comperiens, aggressus solitudinem ardore solis perustę regionis, diu multumque illum inquirens si forte repperiret. Tandem ille prior solitarius se inquirentem aspiciens vocavit eum ut ad se diverteret. Qui veniens ad illum interrogare eundem cepit quis aut unde esset seu cujus rei gratia illuc devenisset. Cui protinus respondit, ipsius desiderio conspiciendi accensus illuc devenisse nihilque preter eum aliud quęrere. Deinde vir ille theologus subsequutus ait : « Novi te, inquiens, a partibus Galliarum huc devenisse; sed, quęso, dic mihi si? cenobium Cluniensę[3] quod in eisdem partibus habetur, aliquando vidisti? » At ille dixit : « Vidi, inquit, et optime cognitum est mihi. » Tunc dixit ei : « Scito, ait, prę cunctis Romani orbis illud valere precipue in liberatione animarum a demonica dominatione. Tanta enim viget in eo vivifici sacrificii frequens immolatio ut nulla pene dies pertranseat in qua non de potestate malignorum demonum tale comercium animas eripiat. ». Erat siquidem, ut ipsi prospeximus, mos illius cenobii a prima diei aurora usque in horam prandii propter fratrum copiam, continua missarum celebratio; quę videlicet tam digne puręque ac reverenter fiebat ut magis angelica quam humana exibitio putabatur.

14. Anno igitur millesimo quadragesimo primo incarnationis dominicę, extitit terminus paschalis duodecimo kalendarum Aprilium, et ipse dies undecimo[4], atque

---

1. Le ms. lat. 6190 porte *genere Teiphalus.*
2. Le ms. lat.6190 porte *si nosti cenobium;* le mot *nosti* est inutile, puisque ce même ms. donne aussi plus loin *vidisti;* ce mot *nosti* a d'ailleurs le caractère d'une addition.
3. Le ms. 6190 au lieu de *Cluniense,* porte *Majoris monasterii;* mais ce nom en a remplacé un autre qui a été gratté.
4. Ces renseignements sont exacts. En 1041 le terme pascal tomba le 21 mars, et Pâques, le 22 mars.

idcirco adnotare placuit quoniam nec communis umquam sit temperior, nec embolismus septimo kalendarum Maiarum diem aliquando excedit. Sed inter ipsos triginta quinque dies legittime dies sacerrimus Paschę coartatur. Obiit quoque eodem anno Chonradus imperator[1], cui successit in regnum Heinricus, filius ipsius, jam ab eodem patre rex constitutus.

15. Contigit vero ipso in tempore, inspirante divina gratia primitus in partibus Aquitanicis, deinde paulatim per universum Galliarum territorium firmari pactum[2], propter timorem Dei pariter et amorem, taliter ut nemo mortalium a ferię quartę vespere usque ad secundam feriam incipiente luce ausu temerario presumeret quippiam alicui hominum per vim auferre, neque ultionis vindictam a quocumque inimico exigere, nec etiam a fidejussore vadimonium sumere. Quod si ab aliquo fieri contigisset contra hoc decretum publicum, aut de vita componeret, aut a christianorum consortio expulsus patria pelleretur. Hoc insuper placuit universis, veluti vulgo dicitur, ut treuga Domini vocaretur; quę videlicet non solum humanis fulta presidiis, verum etiam multoties divinis suffragata terroribus. Nam plerique vesani audaci temeritate prescriptum pactum non timuere transgredi, in quibus protinus aut divina vindex ira, seu humanus gladius ultor extitit. Et hoc passim tam frequenter contigit ut pre sui multitudine singulatim non queant adnotari, et hoc satis juste. Nam sicut dies dominicus propter dominicam resurrectionem venerabilis habetur, et octavus cognominatur, ita quintus, sextus et septimus ob dominicę cenę et ejusdem passionis reverentiam debent ab iniquis actionibus esse feriati.

16. Contigit enim ut dum pene, sicut jam diximus, per totas Gallias hoc statutum firmiter custodiretur, Neustrie gens illud suscipere recusaret. Erat enim hujus rei occasio

---

1. Conrad II mourut en 1039. Voyez plus haut, l. IV, c. IX, § 26, p. 113.
2. Voyez plus haut, l. IV. c. V, § 14, p. 103.

dissidium superbissimi litigii, quod exortum fuerat inter Heinricum regem, filium Rotberti, et filios supradicti Odonis [1], qui vicissim incendiis bella miscentes intestina, sibimet dampna inferentes non modica, plurimas [2] suorum strages dederunt. Deinde quoque occulto Dei juditio cepit desevire in ipsorum plebibus divina ultio. Consumpsit enim quidam mortifer ardor multos tam de magnatibus quam de mediocribus atque infimis populi; quosdam vero truncatis menbrorum partibus reservavit ad futurorum exemplum. Tunc etiam pene gens totius orbis sustinuit penuriam pro raritate vini et tritici,

17. Eodem vero anno, id est quinto post quadragesimum atque millesimum dominice incarnationis annum, antedictus Heinricus, filius Chonradi, rex Saxonum jam in re, Romanorum vero imperator [3] in spe, duxit uxorem filiam Willelmi Pictavorum ducis, nomine Agnetem [4], quam etiam desponsavit in civitate Crisopolitana, que vulgo Vesuntio vocatur. Illuc denique ob [5] amoris ac benivolentie gratiam utriusque convenit maxima nobilium multitudo, episcoporum vero numero viginti octo. Provenerat enim in deditionem predicti regis regnum Austrasiorum [6], quod illi a progenitoribus competebat. Simul etiam genti Hunorum proprio moderamine regem Abbonem nomine instituerat. Unanimiter enim universi marchiones ac comites tam ex Italia quam ex Germania longe lateque ejusdem regis dominium semet super excercere gratanter expetebant, et non inmerito. Erat enim affabilitate gratissimus ac liberalitate [7] perspicuus atque humilitatis gratia preditus; nec cujuspiam extollentie nutu notabatur indeptus, atque idcirco universis circumcirca existebat amabilis.

---

1. Eudes II, comte de Blois.
2. Le ms. lat. 10912 porte *plurima* corrigé en *plurimas* par le ms. lat. 6190.
3. Henri III ne fut couronné empereur que le 25 décembre 1046 par le pape Clément II.
4. C'est en 1043, et non en 1045, que Henri III épousa Agnès.
5. Le ms. lat. 10912 donne *ab* corrigé en *ob* par le ms. lat. 6190.
6. Le royaume de Bourgogne.
7. Le ms. lat. 10912 porte *liberitate*, corr. en *liberalitate* par le ms. lat. 6190.

Ipso itidem anno predicta gens Ungrorum ejus imperio rebellis exstitit, quam ille hostiliter aggressus potenter devicit sibique tributariam subjugavit. Tamen pro pudor! unum in eo erat nimium reprehensibile quod incontinentia carnis luxurię infamabatur. Illud enin vitium plus ceteris in genere humano rerum ordinem turbat.

18. Sequenti igitur anno, id est quadragesimo sexto post millesimum, facta est per loca magna vini sterilitas et leguminum. Post hęc vero sexto idus novembrii mensis, luna quarta decima, nulla currente epacta, concurrente [1] septimo, facta est eclypsis lunę hominibus valde tremenda [2]. Nam octava hora noctis inter solem et ipsam lunam sive patratum a Deo ostensum, seu interveniente spera [3] alterius syderis, qualiter evenerit manet notum scientię Conditoris. Ipsa quoque luna primitus pene tota facta est sicut teter sanguis, paululum evadendo usque ad auroram supervenientis diei. Eodem nihilominus mensę apud castrum Sancti Florentini [4] quod est super Armentionem [5] fluvium, circa medium cujusdam diei cecidit de cęlo quod grece dicitur *selas* [6] vel *casma* seu *palmecię* [7], dum fulgor etherei splendoris insolito ad terras emittitur; insulsum enim vulgus perhibet stellam de celo cadere. Tunc ergo predicto mense novembrio perducte sunt in quibusdam locis Galliarum preter solitum ad maturitatem segetes primę sationis [8] Augusti mensis collecte mense octobrio, quod non sine magna admiratione contigit fieri.

---

1. Le ms. lat. 10912 porte *cum currente* corrigé en *concurrente* par le ms. lat. 6190.

2. Cette éclipse de lune eut lieu le 8 novembre 1044, et non pas en 1046.

3. Lisez-*sphera*.

4. Saint-Florentin, dép. de l'Yonne, chef-lieu de canton de l'arr. d'Auxerre.

5. L'Armançon.

6. En grec, σέλας, éclair.

7. Du Cange, dans son *Glossaire*, vº *Palmetie*, pense qu'il faut corriger *casma* en *fasma*, φάσμα, *apparitio*, et peut-être *palmetie* en *planetie* ou *planetia*.

8. Le ms. lat. 10912 donne *saccionis*, corrigé en *sationis* par le ms. lat. 6190.

II. DE BELLO MIRE GESTO.

19. Sub eodem quoque tempore fuerat[1] orta grandis discordia usque ad effusionem multi sanguinis inter Heinricum Francorum regem, Rotberti filium, et filios suprataxati Odonis, Tetbaldum videlicet atque Stephanum[2]. Contigit enim post multas strages cladis utrarumque partium ut isdem rex, ablato ab eisdem dominio Turonicę urbis, daret illud Gozfredo[3], cognomento Tuditi, filio scilicet Fulconis jamdicti Andegavorum comitis. Qui collecto magno excercitu ipsam civitatem anno uno et eo amplius obsidione circumdedit, adversus quem tandem hostili manu pergentes dimicaturi revera ut aflictę indigentique alimoniis succurrerent urbi ambo predicti filii Odonis. Quod Gozfredus conperiens expetivit auxilium beati Martini, promisit se humiliter emendaturum quidquit in ipsius sancti confessoris ceterorumque sanctorum possessionibus raptu abstraxerat. Indeque accepto sigillo, imponens illud proprię hastę, cum exercitu ęquitum peditumque multorum obviam perrexit adversum se dimicaturis; dumque venirent utreque partes incomminus tantus terror invasit excercitum duorum fratrum, ac si vincti ligaminibus omnes pariter imbelles exstiterunt[4]. Stephanus autem arrepta fuga cum aliquibus militibus evasit, Tetboldus vero cum cetera multitudine totius exercitus captus ad Turonensem civitatem deducitur, ipsamque Gozfredo reddidit atque cum suis omnibus huc illucque dispersis in captione remansit. Nulli dubium est, beato Martino auxiliante, qui illum pie invocaverat suorum inimicorum victorem extitisse. Referebant enim aliqui ex acie fugientes quod tota falanx militum Gozfredi in ipso

---

1. Ce chapitre tout entier à partir du mot *fuerat* a été emprunté à Raoul Glaber par l'auteur des *Gesta consulum Andegav.*, éd. Marchegay, p. 122-123.
2. Thibaud III et Etienne II, fils d'Eudes II, comte de Blois.
3. Geoffroy Martel, fils de Foulque Nerra.
4. Cette bataille eut lieu près de Saint-Martin le Beau *(S. Martinus ad bellum)*, dép. d'Indre-et-Loire, arr. de Tours, canton d'Amboise. Cf. *Gesta consul. Andegav.*, éd. Marchegay, p. 119 à 122.

procintu belli, tam equites quam pedites, candidissimis
indumentis videbantur adoperti. Nam ex rapina pauperum
ejusdem confessoris ferebant supplementum suis filii
Odonis. Prebuit enim universis audientibus formidolosum
stuporem, quod mille septingenti et eo amplius viri armis
instructi absque sanguinis effusione in prelio capti sint.

III. DE TERTIA ECLYPSI SOLIS[1].

20. In prescripto quoque mense novembrio, decimo
kalendarum decembrium, hora tertia ejusdem diei facta
est nostro in tempore tertia eclipsis solis, luna dumtaxat
vicesima octava. Quoniam neque solis aliquando eclipsis
nisi in vicesima octava luna, nec lunę nisi in quarta decima
luna, proveniet. Dicitur enim eclipsis, defectus sive defec-
tio, non quod sibimet res sed nobis impedita potius defi-
ciat. Ipsis quoque diebus, referente Widone Remorum
archipresule[2], didicimus quod visa sit a suis stella Bosfo-
rus, quę et Lucifer, vespere sursum atque deorsum agitari
quasi comminans terrigenas idemtitabat. Hujusmodi quippe
ostentis cęlitus emissis, terruerunt quamplurimos suę
pravitates ut ad correctionis viam penitendo redirent.
Tunc inter ceteras rerum inopias vini tanta raritas extitit
ut viginti quattuor solidorum[3] foret precium unius modii.

IV. DE DISSENSIONE LUGDUNENSIS PRESULATUS.

21. Fuit igitur in suprataxatis diebus dissentio per-
maxima, post mortem Burcardi archipresulis Lucdunensis[4],
de presulatu ipsius sedis, quam plures non justis appete-
bant meritis, sed instictu superbe elationis. Primus

---

1. Cette éclipse de soleil eut lieu le 22 novembre 1044.
2. Widon devint archevêque de Reims en 1033.
3. Le ms. lat. 10912 porte *soldorum* corrigé en *solidorum* par le ms. lat. 6190.
4. Les auteurs du *Gallia Christiana* (t. XI, col. 144) rapportent à 1031 la mort de l'archevêque Burchard. Voyez sur la chronologie très obscure des évènements, que Raoul Glaber rapporte dans ce chapitre, les notes du *Rec. des histor. de France*, t. X, p. 61.

omnium predicti Burcardi nepos, ejusdem equivocus, supra
modum superbissimus, relicta sede propria Augustane civitatis procaciter Lugdunensem arripuit. Qui, post multas
perpetratas nequicias, captus a militibus imperatoris,
perpetuo est condemnatus exilio. Post ipsum vero quidam
comes Geraldum suum filium puerulum quendam arro-
ganter ibidem, sola presumtione auctore, substituit, et
ipse post modicum, non ut pastor ovium, sed veluti mercen-
narius in fugam versus delituit. Quę omnia, dum perlata
fuissent Romano pontifici, suggestum est ei a viris fidelibus
ut sua auctoritate patrem Odilonem, Cluniensis monasterii
abbatem, ibidem eligeret consecrari pontificem[1]. Sic enim
totius cleri ac plebis optans acclamabat devotio. Qui
protinus mittens eidem patri palleum simul et anulum,
imperavit eundem predictę civitatis fore archiepiscopum.
Sed vir religiosus, suę humilitatis adtendens propositum,
omnimodis renuit fieri. Palleum tamen et anulum suscipiens
illi qui Deo dignus existeret reservavit futuro pontifici
ejusdem sedis. Habetur enim antiquitus ipsa civitas index
veri luminis maxime partis Gallię, quoniam illuc primitus
precones christianę fidei a sancto Policarpo, discipulo
Johannis apostoli, missi devenientes universam illustra-
traverunt regionem.

22. Contigit enim postmodum, ut superius diximus, ut
Heinricus rex, recepto regno Austrasiorum, dum compe-
risset hujus dissensionis cladem, condoluit, perquirens
quid exinde agere deberet. Cui, dum apud Vesoncionem
devenisset[2], suggestum est tam ab episcopis quam ab omni
plebe, ut virum eque tali ministerio dignum, Odalricum,
scilicet Lingonensis ecclesię archidiaconum, Lugduni cons-
titueret pontificem. Qui protinus, ut suggestum fuerat,
speciosissimis adhornatum indumentis ad prefatam illum

---

1. Il est probable que le siège de Lyon fut offert à Odilon aussitôt après la
mort de Burchard; car Jean XIX, qui mourut en 1033, dans une lettre adressée
à l'abbé de Cluny (D'Achery, *Spicilegium*, in-4°, t. II, p. 387) le réprimande,
d'avoir refusé la dignité qui lui avait été offerte.
2. En 1034.

destinavit sedem. Ilico nempe restituta est totius provintię requies, et pax diu optata cum gaudio.

23. Postmodum vero gens Hungrorum, jam secundo predicto regi rebellis existens, adversus eundem preliari disposuit. Contra quam egressus, licet impar numero, confidens tamen in Dei auxilio confligere cum ipsis non timuit. Non enim erant in exercitu ipsius plusquam sex milia virorum, cum in Ungrorum falangibus estimarentur ducenta milia armatorum. Erant etiam cum rege quamplures episcopi cum clericis multis, qui pietatis gratia inermes cum eo in certamen introierunt; initoque certamine, tanta caligo ac tenebrę occupaverunt Ungrorum partem ut vix juxta se positum quis illorum poscet agnoscere. Exercitus quoque regis videbatur clarissimo sole circum et infra perlustratus. Qui fortiter dimicans innumerabili cede prostravit adversarios fugavitque, cum de suis perpauci corruissent. Capta vero preda hostium, ac regno, ut primitus ceperat, ordinato, triumphanter rex devenit ad propria.

24. Contigit ergo tunc temporis ut abba cujusdam monasterii, honeste possessionis eidem imperatori ęquum valde optimum presentaret, quatenus sibi ac loco sibi commisso illius liberalitatis amicitiam conciliaret. Fuerat denique isdem ęquus, ignorante abbate, cuidam militi clam sublatus sibique precio venundatus; at imperator gratanter illum suscipiens suimet evectioni mancipavit. Quodam igitur die eidem ęquo insidens iter agebat, obviam fuit ei miles cui prefatus ęquus furtim ablatus fuerat. Qui prudenter aggrediens imperatorem in hujusmodi prorupit verba : « Tu, inquiens, o rex qui censuram debes tenere totius justitię[1] equum mihi fraudulenter abstractum cerneris possidere. » Cui ilico rex tale protulit responsum : « Si tuus, inquit, est equus, ut ais, accipe illum cum possessore et duc tecum quo melius optas, et habeas utrumque quousque persolutionem furti suscipias. »

---

1. Le texte du ms. lat. 6190 finit avec les mots *totius justitie.*

Miles quoque existimans sibi inludi, herebat stupens.
Enim vero rex compulit eum ut manu injecta duceret utrumque in suum dominium. Aspicientes vero qui circumstabant
ingenti ammiratione stupuerunt. « Quę grates, inquiens
rex, referende sunt illi viro qui me tam subdole in hanc
impulit captionem? » Qui dum ab universis horribiliter
detestaretur, ait rex : « Adducite illum ut secundum inlu-
sionem quam in me gessit in eo vindicetur. » Dumque
prefatus abba, accersitus fuisset, ait ei : « Depone baculum regiminis pastoralis, quem credis largitione mortalis
hominis debere gestari. » Quem cum a se projecisset,
suscipiens illum rex imposuit dextere immaginis Salvatoris :
« Vade, inquiens abbati, et suscipe illum de manu
Omnipotentis regis, nec sis ultra pro eo debitor alicujus
mortalis, sed libere utere eo, ut decet culmen tanti nominis. » At ipse gaudenter illum suscipiens plurimis de tali
facto alacritatem contulit, ac dehinc omni cum libertate
viguit.

V. DE EXTIRPATIONE SIMONIACA.

25. Dignoscens igitur isdem Heinricus per universam
Galliam atque Germaniam symoniacę philargirię crassari
cupidi[tatem][1], coadunari fecit ex omni imperio suo tam
archipresules quam ceteros pont[ifices], tale eis intulit
colloquium : « Lugens vobis incipio loqui, qui vice Christi
[in ejus] ęcclesia constituti estis, quam ipse sibi desponsavit ac precio sui sanguinis red[emit] ; sicut enim ipse
gratuita bonitate de sinu Dei patris per Virginem ad [nos
venire dig]natus est redimendos, ita suis precepit, mittens
eos in orbem universum [atque ait : Gratis] accepistis,
gratis date. Vos enim avaricia et cupiditate corrupti qui,
Domini [benedictione] conferre deberetis in hujusmodi
transgressionis dando et accipiendo [secundum sacerrimum]
canonem maledicti estis. Nam et pater meus, de cujus

---

1. A partir d'ici jusqu'à la fin, les mots mis entre crochets, qui manquent
dans le ms. lat. 10912 ont été restitués d'après le ms. du Vatican, Reg. 618.

animę periculo valde pertim[esco eandem] damnabilem
avariciam in vita nimis excercuit. Idcirco quicumque
vestrorum hujusce [macula] sese norunt contaminati, oportet
ut a sacro ministerio, secundum dispositionem canonicam,
arceantur. Patet ergo manifestissime quoniam propter hanc
offensam venerunt super filios hominum diversę clades,
fames videlicet atque mortalitas, necnon et gladius. Omnes
quippe gradus ęcclesiastici a maximo pontifice usque ad
hostiarium opprimuntur per suę damnationis precium, ac,
juxta vocem dominicam, in cunctis crassatur spiritale latro-
cinium. » His denique ab imperatore accerrime prolatis,
stupefacti pontifices quid illi responderent non habebant.
Pertimescebant enim carere ob hanc culpam propriis epis-
copatuum sedibus, et quoniam non solum in Gallicanis
episcopis hec pessima pululaverat nequicia, verum etiam
multo amplius totam occupaverat Italiam. Omnia quippe
ministeria ecclesiastica ita eo tempore habebantur venalia,
quasi in foro secularia mercimonia. Cernentes quoque episcopi gravi sese invectione irretitos, misericordię operam im-
plorabant; at ipse princeps misericordia motus tale consola-
tionis protulit verbum : « Ite, inquiens, et quod illicite
accepistis, bene disponere satagite, ac pro anima patris
mei, qui hac noxa reus vobiscum tenetur, attentius interce
dere mementote, quatenus ei indulgentiam hujus facinoris
a Deo possitis adquirere. » Tunc proposuit edictum omni
imperio suo, ut nullus gradus clericorum vel ministerium
ęcclesiasticum precio aliquo adquireretur. At si quis dare
aut accipere presumeret omni honore destitutus anathemate
multaretur. Spopondit insuper promissum hujusmodi
dicens : « Sicut enim Dominus mihi coronam imperii sola
miseratione sua gratis dedit, ita et ego id quod ad reli-
gionem ipsius pertinet gratis impendam. Volo si placet ut
et vos similiter faciatis. »

26. Ipso quoque in tempore, Romana sedes que universalis jure habetur in orbe terrarum prefati morbi pestifere
per viginti quinque annorum spacia miserrime laboraverat.

[Fuerat eni]m eidem sedi ordinatus quidam puer[1], circiter annorum XII, contra jus [fasque, quem] scilicet sola pecunia auri et argenti plus commendavit quam etas aut [sanc]titas, et quoniam infelicem habuit introitum, infeliciorem persensit exitum. [Horrori est] quippe referre turpitudo illius conversationis et vite. [Tunc vero] cum consensu totius Romani populi atque ex precepto impera[toris ejec]tus est a sede et in loco ejus subrogatus est vir religiosissimus [ac sanctitate] perspicuus Gregorius natione Romanus[2]. Cujus videlicet bona [fama quic]quid prior fedaverat in melius reformavit.

---

1. Benoît IX, fils d'Albéric, comte de Tusculum, devint pape en 1033.
2. Grégoire VI, pape en 1044.

TABLE ALPHABÉTIQUE

DES

NOMS DE LIEUX ET DE PERSONNES

CONTENUS

DANS L'HISTOIRE DE RAOUL GLABER

A

Abbo, rex Hunorum, 127.
Abel, 5.
Abo, abbas Sancti Benedicti Floria-
  censis, 60, 61.
Abraham, 5, 12.
Achardus, prepositus, postea abbas
  Sancti Germani Autissiodorensis,
  47.
Adalbertus, archiepiscopus Pragen-
  sis, 12.
Adalbertus, dux Longobardorum, 56.
Adalradus II, rex Anglorum, 29, 59.
Adalridus. *Voyez* Adalradus.
Adam, 24.
Adeleda, uxor Rainaldi comitis Bur-
  gundie, 57.
Affrica. *Voyez* Africa.
Africa, 18, 44, 109, 124.
Africana regio, 40.
Africane partes, 10, 44.
Agnes, filia Willelmi ducis Pictavo-
  rum, 127.
Algalif, rex Sarracenorum, 17, 18.
Allantum, villa in pago Senonico, 48.
Almuzor, princeps Sarracenorum, 18,
  44.
Alpes, montes, 10, 30, 53, 91, 96, 97.
Alricus, episcopus Astensis, 94.
Alwalo, 119.
Ammiratus Babilonis, 73.
Andegavense territorium, 66.
Andegavi, civitas Galliarum, 25,
  30, 31, 56, 58, 85, 113, 129.
Angli, 27, 29, 59, 108.
Apollinaris (Altare Sancti), in monas-
  terio Sancti Germani Autissiodo-
  rensis, 120.
Aquisgranis, 9, 17.
Aquitania, 89, 103.
Aquitanice partes, 126.

Aquitanie dux (Willemus V), 58.
Aquitanie partes, 9.
Aquitanorum dux (Willemus), 67.
Araris, fluvius, 42.
Arduinus, rex Longobardorum, 51.
Arduus, fluvius, 60.
Arelatensis comes (Willemus), 57.
Arelatensis dux, 12.
Arelatensis provincia, 103.
Arlebaudus, nobilis Jaunniaci, 48.
Armentio, fluvius, 128.
Arnulfus, archiepiscopus Remensis,
  15.
Arnulfus, comes Flandrensis, 87.
Arnulfus, episcopus Aurelianensis, 35.
Arvernia, 89.
Assyrii, 4.
Astensis episcopus (Alricus), 94.
Astingus, dux Normannorum, 18, 19.
Augustana civitas, in Galliis, 131.
Augustidunense territorium, 106.
Augustidunensis pagus, 57.
Augustidunensis (Sanctus Martinus),
  monasterium, 66.
Aureliana urbs, 25, 26, 34, 35, 36.
Aurelianensis urbs, 72.
Aureliani, civitas Galliarum, 73, 75,
  107.
Aurelianus Augustus, imperator, 37.
Austrasiorum regnum, 59, 86, 87,
  127, 131.
Autisidorum. *Voyez* Autisioderum.
Autisioderum, civitas Galliarum, 42,
  46, 48, 98. *Voyez* Autissioderum.
Autisiodorensis episcopus (Hugo), 113.
Autisiodorum. *Voyez* Autissioderum.
Autissioderum, 57, 118.
Autissiodorensis (Sanctus Germanus),
  monasterium, 113, 118.
Avalo, urbs Burgundie, 84.

B

Babilonis Ammiratus, 73.
Babilonis princeps, 71, 72.
Bajoarii, 41, 111.
Balmense monasterium, in superiore Burgundia, 67.
Barbarense monasterium, Lugduni, 123.
Barbari, 23, 111.
Barrense castrum, in Tullensi pago, 86.
Basilius, imperator, 52, 54, 92, 95.
Bavoberch, monasterium in Saxonia, 51, 56.
Beata Maria, monasterium Aquisgranis, 17.
Beata Maria, monasterium Seutie, 97.
Beata Maria Melerensis (vel Meleredensis), monasterium in Burgundia, 72, 117.
Beate Marie altare in Sancti Germani Autissiodorensis monasterio, 43, 46.
Beatus Cornelius, ecclesia Compendiensis, 83.
Beatus Germanus, monasterium Autissiodorense, 42, 43, 46, 113, 118.
Beatus Leodegarius de Campellis, monasterium in Burgundia, 115.
Beatus Martinus, monasterium Turonense, 63, 67.
Beatus Michbahel, ecclesia in Normannia, 60.
Beatus Paulus, ecclesia Reomensis monasterii, 124.
Beatus Paulus, ecclesia Romana, 16.
Beatus Petrus, ecclesia Romana, 33, 40, 112.
Beatus Petrus Puellaris, monasterium Aurelianense, 35, 75.
Beda, presbiter Britannie, historiographus, 1.

Belial, 11.
Bellemsis urbs, in Burgundia, 84.
Belnensis urbs. Voyez Bellemsis.
Belvacensis (Hugo), 58.
Belvacum, civitas Galliarum, 98.
Bendanus (Sanctus), 27, 28.
Benedicti (Altare Sancti) in monasterio de Campellis, 116.
Benedictus (Sanctus), 61, 66.
Benedictus VIII, papa, 22, 51, 52, 53, 94, 99, 105.
Benedictus IX, papa, 105.
Benedictus Floriacensis (Sanctus), monasterium, 60.
Beneventana provincia, 52, 54, 67.
Beneventani, 52.
Beneventum, urbs Italie, 17.
Benignus Divionensis (Sanctus), monasterium, 116.
Berno, abbas Cluniacensis, 67, 68.
Bernovallis, vicus in Normannia, 27.
Berta, filia Chuonradi regis Austrasiorum, 86.
Bethem, provincia Sclavorum, 12.
Bovo, 119.
Braga, civitas, 12.
Britannia, 1.
Britones. Voyez Brittones.
Brittones, 25, 29, 30, 31, 32.
Bruno, episcopus Lingonensis, 57, 118.
Brusci, 12.
Bucardus. Voyez Burcardus.
Burcardus, archiepiscopus Lugdunensis, 130, 131.
Burgundia, 7, 9, 19, 25, 26, 41, 42, 43, 44, 48, 57, 67, 84, 85, 89, 103, 106.
Burgundiones, 20, 26, 42, 44, 89.

C

Cabilonensis comes (Lanbertus), 57.
Cabilonensis pagus, 123.
Campellis (Monasterium de), in Burgundia, 115.
Canuc, rex Anglorum, 29, 108.
Capellis. Voyez Campellis.
Carnotum, civitas Galliarum, 40, 87, 99.
Carolus Hebes, rex Francorum, 8. Voyez Karolus.
Carolus magnus, 26. Voyez Karolus.
Castanedi silva, in pago Matisconensi, 101.
Cataloni, civitas Galliarum, 41, 87.
Catalonicus pagus, 49.

Catapontus, 52.
Cesares, 5.
Chonradus, rex Saxonum, imperator, 126, 127. Voyez Chounradus et Chuonradus.
Chounradus, rex, Saxonum, imperator, 86, 90, 91, 95, 111, 113. Voyez Chonradus et Chuonradus.
Chuonradus, rex Austrasiorum, 86.
Chuonradus, rex Saxonum, imperator, 86. Voyez Chonradus et Chounradus.
Cluniacense monasterium, 11, 62. Voyez Cluniense et Cluniacum.
Cluniacum, monasterium iu Burgundia, 67, 68, 110.

Cluniense monasterium, 1, 22, 42, 68, 110, 125, 131.
Clunienses fratres, 11.
Columba (Sancta), monasterium Senonense, 48.
Compendium, urbs Galliarum, 81, 83.
Conanus, dux Brittonum, 25, 30, 31, 32.
Concretus, vicus Britannie, 31.
Constantia, uxor Roberti regis Francorum, 57, 81, 89.
Constantinopolis, 17, 53.
Constantinopolitana ecclesia, 92.
Constantinopolitani cives, 92, 94.
Constantinopolitanum imperium, 52,

Constantinopolitanus presul, 92.
Constantinus, imperator Grecorum, 108.
Constantinus Magnus, imperator, 109.
Cornelius (Sanctus), ecclesia Compendiensis, 83.
Cornu Gallie, 30.
Crescentius, civis Romanus, 13, 14, 15, 16.
Crisopolitana civitas, 127. Voyez Vesuntio.
Crux (Sancta), ecclesia Aurelianensis, 36, 75.
Cume, civitas Italie, 91.
Curia Gallorum, 91.

D

Danimarches, 29.
Danubius, fluvius, 52.
Dionisius (Sanctus), monasterium in Francia, 85.
Divio, castrum in Burgundia, 123.

Divionense castrum, in Burgundia, 84.
Divionensis (Sanctus Benignus), monasterium, 116.
Drogas, castrum Galliarum, 84.

E

Eden, 4.
Emma, uxor Rodulfi regis, 7.
Enoch, 5.
Esaianum verbum, 103.
Ethiopi, 98.

Eufrates, fluvius Paradysi, 4.
Evangelia, 3, 4.
Evurtius (Beatus), episcopus Aurelianensis, 36.

F

Fiscamnense monasterium, in Normannia, 99. Voyez Fiscampus.
Fiscampus, monasterium in Normannia, 40.
Flandrensis comes (Arnulfus), 87.
Floriacensis (Sanctus Benedictus), monasterium, 60.
Folco Nerra, comes Andegavorum, 56. Voyez Fulco.
Franci, 2, 6, 9, 10, 15, 20, 21, 26, 36, 51, 56, 59, 63, 83, 88, 108.
Francia, 9, 44, 103.

Fraxinetus, in Arelatensi provincia, 12.
Frotmundus, comes Senonum, 69.
Frotterius, presbyter Tarnodorensis, 118.
Frutuariense monasterium, in Italia, 66.
Fulbertus, episcopus Carnotensis, 99.
Fulco, dictus Nerra, comes Andegavorum, 25, 30, 31, 32, 33, 34, 58, 85, 113, 129. Voyez Folco.

G

Gallia, 30, 40, 83, 131, 133. Voyez Gallie.
Gallicani episcopi, 134.
Gallicanum territorium, 66.
Gallie, 6, 15, 18, 19, 21, 22, 26, 29, 30, 33, 34, 40, 41, 42, 44, 49, 51, 52, 61, 62, 67, 68, 72, 74, 96, 98, 100, 108, 125, 126, 128. Voyez Gallia.
Geon, fluvius Paradysi, 4.

Georgii (Altare Sancti), in monasterio Sancti Germani Autissiodorensis, 120.
Georgius (Sanctus), ecclesia Hierosolimitana, 72.
Geraldus, archiepiscopus Lugdunensis, 131.
Gerardus, monachus Sancti Germani Autissiodorensis, 118.

Gerberga, uxor Ludowici IV, 8.
Gerbertus, archiepiscopus Ravenne, postea pontifex maximus, 15.
Germania, 91, 95, 110, 127, 133.
Cermanus (Sanctus), 119.
Germanus (Sanctus), monasterium Autissiodorense, 42, 43, 46, 113, 118.
Gislebertus, dux Lotharingie, 8.
Gislebertus, episcopus Parisiorum, 41.
Gislebertus, monachus Sancti Germani Autissiodorensis, 43.
Glaber Rodulfus, 1.

Glannofolium, monasterium in Andegavensi territorio, 66.
Gocilo, dux Lotharingie, 87.
Gozfredus Martellus, comes Andegavorum, 113, 129.
Graona, fluvius, 67.
Gratianopolitana urbs, in Galliis, 97.
Gratinona. Voyez Gratianopolitana.
Greci, 17, 52, 53, 54, 92, 93, 95, 108, 119.
Greci patres et philosophi, 2, 3.
Gregorius (Sanctus), 61, 117.
Gregorius VI, papa, 135.

H

Haduidis, uxor Hugonis Magni, 10.
Hebrei, 11, 121.
Hebreorum historie, 2.
Heimardus, abbas Cluniacensis, 67.
Heinricus, dux Burgundie, 26, 41, 42, 56. Voyez Henricus.
Heinricus, rex Francorum, 84, 85, 108, 111, 118, 127, 129. Voyez Henricus.
Heinricus II, rex Saxonum, imperator, 2, 17, 18, 22, 55, 58, 59, 86, 90, 91, 111. Voyez Henricus.
Heinricus III, rex Saxonum, imperator, 126, 127, 131, 133.
Helena, mater Constantini, 109.
Henricus, dux Burgundie, 25. Voyez Heinricus.
Henricus, rex Francorum, 85. Voyez Heinricus.
Henricus I, rex Saxonum, 10.
Henricus II, rex Saxonum, imperator, 26, 51, 52, 54, 55, 59. Voyez Heinricus.
Heribertus II, comes Trecorum, 40, 56, 88.
Heribertus, comes Viromandensis, 6, 7, 8.
Heribertus, hereticus, 74, 75.

Heriveus, archiclavus Sancti Martini Turonensis, 63, 64.
Hierosolima, 20, 71, 72, 74. Voyez Hierosolimi, et Iherosolimi.
Hierosolimi, 32. Voyez Hierosolima et Iherosolima.
Hierosolimitana urbs, 35.
Hildericus, abbas Sancti Germani Autissiodorensis, 42.
Hismahel, 12.
Hispani, 62.
Hispania, 17, 44, 50.
Hispanie, 30, 59, 62.
Hugo, 95.
Hugo, archiepiscopus Turonorum, 33.
Hugo, episcopus Autissiodorensis, 43, 57, 113.
Hugo, marchio Tuscanie, 40.
Hugo, rex Francorum, 15, 25, 26, 27, 56.
Hugo Belvacensis, 58.
Hugo Magnus, dux Francorum, 7, 8, 10, 26, 88.
Hugo Magnus, filius Roberti regis Francorum, 81, 82, 83, 84.
Hungri, 21, 128, 132.
Hungrorum princeps, 21.
Huni, 127.

I

Iebonius, vel Iebuinus, episcopus Catalonorum, 41, 49.
Iherosolima, 52, 74, 108, 109, 113. Voyez Hierosolima et Iherosolimi.
Iherosolimi, 52, 53, 106. Voyez Hierosolimi et Iherosolima.
Inter Celos, turris Romana, 14.

Isaac, 5, 12.
Israhel, 121.
Israhelitica gens, 37, 122.
Italia, 1, 6, 10, 16, 17, 18, 19, 25, 26, 40, 50, 51, 52, 55, 61, 62, 65, 67, 74, 83, 91, 92, 94, 95, 111, 127, 134.
Italici, 18, 50.

J

Jacob, patriarcha, 5, 109.
Jaunniacum, castrum in Burgundia, 48.

Johannes, 96.
Johannes (Sanctus), ecclesia in silva Castanedi, 101.

Johannes, abbas Frutuariensis, 66.
Johannes XV, papa, 40.
Johannes XVIII, papa, 33.
Johannes XIX, papa, 93, 105.
Johannes Baptista, 3, 5.
Johannis evangelium, 3.

Jordanis, fluvius, 39, 108, 121.
Joseph, 5.
Jovis (Mons), 53.
Judei, 69, 71, 72, 73, 94, 96.
Justus (Sanctus), 96, 98.
Juvenalis, poeta, 50.

K

Karolus Hebes, rex Francorum, 6. Voyez Carolus.

Karolus magnus, imperator, 6. Voyez Carolus.

L

Lanbertus, comes Cabilonensis, 57.
Landricus, comes Nivernensis, 42, 57, 113.
Langobardi, 57. Voyez Longobardi.
Leodegarius de Campellis (Sanctus), monasterium in Burgundia, 115.
Leotericus, archiepiscopus Senonensis, 68, 85.
Lethbaldus, 106.
Letoericus, archiepiscopus Senonensis. Voyez Leotericus.
Leutardus, hereticus, 25, 49.
Leutici, 110, 111.
Liger, fluvius, 36.
Lingonensis ecclesia, 131.
Lingonensis episcopus (Bruno), 57.
Lingones, civitas Galliarum, 118.
Lisoius, hereticus, 74, 75.
Longobardi, 51, 56, 94.
Lotharii regnum, 8, 111.

Lotharius, rex Francorum, filius Ludovici IV, 8, 9, 26.
Lucacense castrum, in pago Turonico, 32.
Lucacense monasterium, 25, 32, 114.
Lucdunensis. Voyez Lugdunensis.
Luce evangelium, 3.
Ludogvicus IV, rex Francorum, filius Karoli Hebetis, 7. Voyez Ludowicus.
Ludovicus V, rex Francorum. Voyez Ludowicus.
Ludovicus pius. Voyez Ludowicus.
Ludowicus pius, imperator, 6, 26.
Ludowicus IV, rex Francorum, 8. Voyez Ludogvicus.
Ludowicus V, rex Francorum, 9, 26.
Lugdunensis civitas, 130, 131.
Lugdunensis provincia, 103.
Lugdunum, civitas Galliarum, 123, 131,

M

Mahomed, propheta, 12.
Mainfredus, marchio, 94, 97.
Maiolus (Sanctus), abbas Cluniacensis, 10, 11, 12, 41, 65, 68.
Majus monasterium, 87.
Manasses, episcopus Trecorum, 41.
Marci evangelium, 3.
Maria, mater Ammirati Babilonis, 73.
Maria (Sancta), mater Jhesus Christi, 109, 122.
Maria Melerensis vel Meleredensis (Beata), monasterium in Burgundia, 72, 117.
Maria (Sancta), monasterium Seutie, 97.
Marie (Altare Sancte), in monasterio Sancti Germani Autissiodorensis, 119.
Marsiliensis civis, 125.
Martinus (Sanctus), 64, 65, 129.
Martinus Augustudunensis (Sanctus), monasterium, 66.
Martinus (Sanctus), monasterium Turonense, 41, 63, 67, 87.
Mathei evangelium, 3, 12.

Mathildis, uxor Chonradi imperatoris, 112.
Matisconensis civitas, 101.
Matisconensis pagus, 67.
Maurus (Beatus), 66.
Mediolanenses cives, 86.
Meleulo, rex Scottorum, 29.
Meldi, civitas Galliarum, 40, 56, 85.
Meledunense castrum, 85.
Meleredense vel Melerense monasterium in Burgundia, 72, 117.
Metensis urbs, 114.
Michahel (Beatus), ecclesia in Normannia, 60.
Michahel imperator, 95.
Mihahel. Voyez Michahel.
Monsfortis, castrum Longobardorum, 94.
Mons Jovis, 53.
Morianna urbs, in Galliis, 97.
Mosa, fluvius, 9, 58.
Mosaicus jubeleus, 105.
Motget, princeps Sarracenorum, 110.
Moyses, 5, 68, 96, 110, 122,

N

Nabaiot, 12.
Navarria, 44, 59.
Neustria, 99, 126.
Nevernis, civitas Galliarum, 57.
Nicea, 108.

Nichodemus, 73.
Noe, 5.
Normagni, *Voyez* Normanni.
Normanni, 18, 19, 20, 30, 42, 43, 52, 53, 54, 55, 108.

O

Occeanum mare, *Voyez* Oceanum.
Oceanum mare, 18, 29, 30, 40, 60, 67, 99.
Odalricus, archidiaconus Lingonensis, postea archiepiscopus Lugdunensis, 131.
Odilo, abbas Cluniacensis, 1, 42, 43, 62, 68, 110, 120, 131.
Odo, abbas Cluniacensis, 67.
Odo I, comes Turonorum et Blesensis, 40, 56, 88.
Odo II, comes Blesensis, 56, 85, 86, 87, 127, 129, 130.

Odolricus (Sanctus), in Bajoaria, 41.
Odolricus, episcopus Aurelianensis, 107.
Oliveti mons, 106.
Oratius, poeta, 50.
Otto, comes Matisconensis, 101.
Otto I, rex Saxonum, imperator, 8, 9, 10, 12, 26, 88.
Otto II, rex Saxonum, imperator, 9, 12, 13, 26.
Otto III, rex Saxonum, imperator, 13, 14, 16, 17, 26.

P

Papia, civitas Italie, 51.
Papienses cives, 91.
Paradysus, 4, 24.
Paredo, monasterium in pago Augustidunensi, 57.
Parisicensis dux (Hugo), 26.
Pari ii, civitas Galliarum, 8, 41.
Parisius, 9.
Paulus, apostolus, 16.
Paulus, historiographus Italie, 1.
Paulus (Beatus), ecclesia Reomensis monasterii, 124.
Paulus (Beatus), ecclesia Romana, 16.
Petrus, apostolus, 93, 96, 109, 110, 122.
Petrus, archiepiscopus Ravennas, 50.
Petrus (Beatus), ecclesia Romana, 33, 40, 112.

Petrus Puellaris (Beatus), monasterium Aurelianense, 35, 75.
Phison, fluvius Paradysi, 4.
Pictavensis comes (Willemus), 57.
Pictavensis confessor (Sanctus Savinus), 66.
Pictavi, civitas, Galliarum, 41, 113, 127.
Policarpus (Sanctus), 131.
Puellare monasterium, Aurelianis, 35, 75.
Pulliacum super Ararim, castrum in Burgundia, 41.
Pusillus (Walterius dictus), monachus Sancti Germani Autissiodorensis, 121.

R

Rainaldus, comes Autissiodorensis, 113.
Rainaldus, comes Burgundie, 57.
Rainardus, comes Senonum, 69, 71.
Ravenna, 15, 16, 50.
Redones, civitas Galliarum, 30.
Remi, civitas Galliarum, 15, 84, 130.
Renus, fluvius, 7, 110.
Reomagensse vel Reomense monasterium, in pago Tarnoderensi, 45, 124.
Retia, 87, 111.
Ricardus I, dux Rotomagorum, 40. *Voyez* Richardus.

Ricardus III, comes Rotomagorum, 42.
Richardus, abbas, 87.
Richardus, dux Burgundie, 7, 19.
Richardus I, dux Normannorum, 20, 88. *Voyez* Ricardus.
Richardus II, dux Normannorum, 20, 52, 53, 55, 57, 75.
Richardus III, dux Rotomagorum, 29.
Rifei montes, 30.
Robertus, dux Normannorum, 108.
Robertus II, rex Francorum, 51, 75, 81, 99, 108, 111, 113. *Voyez* Rotbertus.

Rodulfus, Normannus, 52, 53, 54, 55.
Rodulfus, rex Francorum, 7, 8, 19.
Rodulfus, rex Austrasiorum, 59, 86.
Rodulfus Glaber, 1.
Rogerus, episcopus Catalaunensis, 87.
Roma, 10, 13, 14, 17, 22, 33, 40, 53, 91, 92, 111.
Romana ecclesia, 33, 34, 61 ; — plebs, 22 ; — sedes, 21, 134 ; — urbs, 5, 16.
Romani, 9, 10, 13, 14, 15, 17, 18, 51, 61, 88, 92, 94, 105, 112, 113.
Romanum imperium, 2, 5, 21, 26, 53, 93.
Romanus orbis, 2, 5, 6, 17, 41, 44, 72, 99, 125 ; — pontifex, 91, 92, 105, 112.
Rotbertus, comes Parisiorum, 8.
Rotbertus, filius Hugonis, rex Francorum, 2, 26, 27, 42.

Rotbertus I, rex Francorum, 88.
Rotbertus II, rex Francorum, 56, 59, 85, 89, 118, 127, 129. *Voyez* Rotbertus.
Rotbertus, filius Roberti regis, dux Burgundie, 84. 85.
Rotbertus, servus Beate Marie Melerensis, 72.
Rothomagi, civitas Galliarum. *Voyez* Rotomagi.
Rotomagensis dux (Richardus), 57.
Rotomagensis urbs, 99.
Rotomagi, civitas Galliarum, 20, 29, 40, 42, 74, 87.
Rotomagni. *Voyez* Rotomagi.
Rotomagus, civitas Galliarum. *Voyez* Rotomagi.
Rubrum mare, 122.

S

Sancta Columba, monasterium Senonense, 48.
Sancta Crux, ecclesia Aurelianensis, 36, 75.
Sancta Maria Meleredensis, 117.
Sancta Maria, monasterium Seutie, 97.
Sancte Marie altare, in monasterio Sancti Germani Autissiodorensis, 119.
Sancti Apollinaris altare, in monasterio Sancti Germani Autissiodorensis, 120.
Sancti Benedicti altare, in monasterio de Campellis, 116.
Sancti Georgii altare, in monasterio Sancti Germani Autissiodorensis, 120.
Sancti Mauricii altare, in monasterio Reomagensi, 45.
Sancti Victoris altare, in monasterio Sancti Germani Autissiodorensis, 120.
Sanctus (Willelmus), dux Navarrie, 44, 59.
Sanctus Benedictus Floriacensis, monasterium, 60.
Sanctus Benignus Divionensis, monasterium, 116.
Sanctus Cornelius Compendiensis, 83.
Sanctus Dionisius, monasterium in Francia, 85.
Sanctus Florentinus, castrum in Burgundia, 128.
Sanctus Georgius in Ramulo, ecclesia Hierosolimitana, 72.
Sanctus Germanus, monasterium Autissiodorense, 42, 43, 46, 113, 118.
Sanctus Johannes, ecclesia in silva Castanedi, 101.

Sanctus Leodegarius de Campellis, monasterium in Burgundia, 115.
Sanctus Martinus Augustudunensis, monasterium, 66.
Sanctus Martinus, monasterium Turonense, 41, 63, 67, 87.
Sanctus Paulus, ecclesia Reomensis monasterii, 124.
Sanctus Paulus, ecclesia Romana, 16.
Sanctus Petrus, ecclesia Romana, 33, 40.
Sanctus Petrus Puellaris, monasterium Aurelianense, 35, 75.
Sanctus Stephanus, ecclesia Senonensis, 68.
Sardinia, insula, 50.
Sarraceni, 10, 11, 12, 17, 18, 25, 44, 45, 72, 107, 108, 109, 110.
Savinus (Sanctus), confessor Pictavensis, 66.
Saxones, 2, 8, 9, 10, 14, 17, 20, 21, 26, 51, 88, 111, 127.
Saxonia, 9, 16, 51, 55, 113.
Sclavi, 12.
Scotti, 29.
Senones, civitas Galliarum, 85.
Senonica urbs, civitas Galliarum, 68, 85.
Senonicus pagus, 48.
Septuaginta Interpretes, 2.
Sequana, fluvius, 88.
Seutia, castrum in Alpibus, 97.
Siefredus, dux Saxonum, 51.
Silliniacum, castrum in pago Autissiodorensi, 120.
Silviniacum, monasterium in Burgundia, 41.
Sina, mons, 20.
Stephanus, 96.

Stephanus I, comes Trecorum et Meldorum, 56.
Stephanus II, comes Trecorum, 129.
Stephanus, rex Hungrorum, 52.

Stephanus (Sanctus), ecclesia Senonensis, 68.
Suessioni, civitas Galliarum, 88.

T

Tarnoderense castrum, in Burgundia, 118.
Tarnoderenssis pagus, 45.
Tetbaldus III, comes Campanie, 129.
Tetbaldus, dictus Fallax vel Tricator, comes Carnotensis, 56, 87, 88.
Theodericus, monachus Sancti Benigni, 117.
Tiberis, fluvius, 14.
Tigris, fluvius Paradysi, 4.
Tivalgas, villa juxta Reomense monasterium, 124.
Tranquillus, vicus in pago Trecassino, 18.
Trecassinus pagus, 18.

Treci, civitas Galliarum, 40, 41, 56, 85, 88.
Trenorchium, vicus in pago Matisconensi, 101.
Tricasina civitas, 70.
Troas, civitas in Italia, 54.
Tuditus (Gozfredus). Voyez Gozfredus Martellus, 129.
Tullensis pagus, 86.
Turonensis civitas, 129.
Turoni, civitas Galliarum, 33, 40, 63, 67, 87.
Turonica urbs, 129.
Turonicus pagus, 32.

U

Ugo Magnus. Voyez Hugo Magnus.
Ungri. Voyez Hungri.

Utzetica urbs, in Galliis, 97.

V

Vesevus mons, 39.
Vesoncio. Voyez Vesuntio.
Vesuntio, civitas Galliarum, 127, 131.
Victoris (Altare Sancti) in monasterio Sancti Germani Autissiodorensis, 120.
Vilgardus, hereticus in Italia, 50.
Vincentius (Sanctus); dens ejus, 59.

Virgilius, poeta, 50.
Virtutis, vicus in pago Catalonico, 49.
Vitisclodus (Sanctus), 12.
Vulcani olla, nomen Vesevi montis, 39.
Vulferius, monachus monasterii Reomagensis, 45.
Vulpia, locus in Italia, 66.

W

Walterius dictus Pusillus, monachus Sancti Germani Autissiodorensis, 121.
Wascones, 61.
Wido, archiepiscopus Remorum, 130.
Willelmus, abbas Sancti Benigni Divionensis, 65, 66, 68, 84, 89, 92, 93, 97, 99, 124.
Willelmus I, comes Arelatensis, 12.
Willemus II, comes Arelatensis, 57.
Willelmus, comes Matisconensis, 56.

Willelmus pius, comes Pictavorum, dux Aquitanorum, 67.
Willelmus II, dux Pictavorum, 41.
Willelmus IV, comes Pictavorum, 113, 127.
Willemus V, comes Pictavorum et dux Aquitanie, 57, 58.
Willelmus I, dux Normannorum, 20.
Willelmus, dux Normannorum, 87, 88, 108.
Willelmus Sanctus, dux Navarrie, 44.
Willemus. Voyez Willelmus.

Y

Yporeia, civitas Italie, 91.

Mâcon, imp. Protat frères.

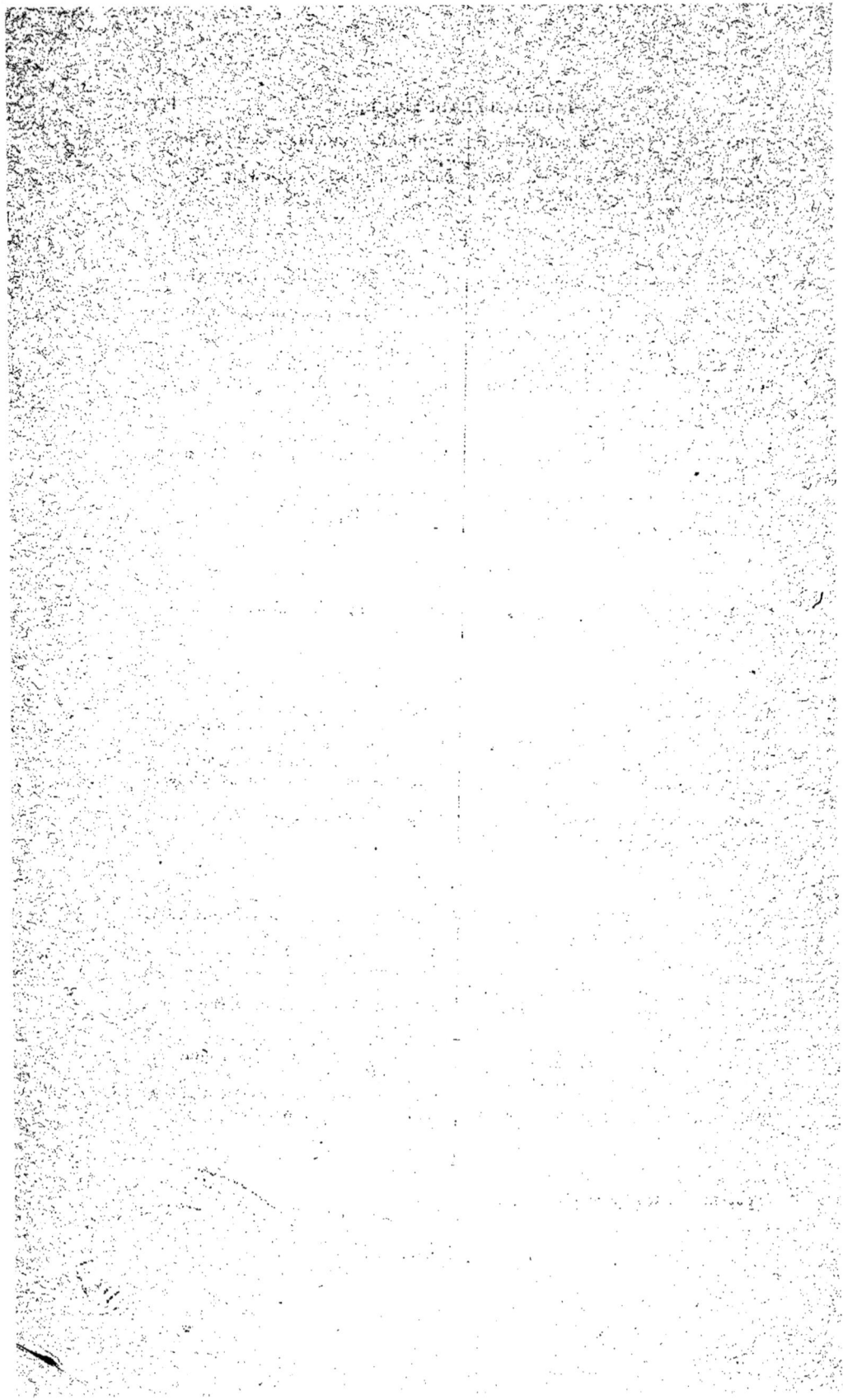

COLLECTION DE TEXTES

POUR SERVIR A

L'ÉTUDE ET A L'ENSEIGNEMENT DE L'HISTOIRE

PUBLIÉE SOUS LES AUSPICES DE LA SOCIÉTÉ HISTORIQUE

(Cercle Saint-Simon)

POUR PARAITRE PROCHAINEMENT :

Textes relatifs aux institutions publiques et privées aux époques mérovingienne et carolingienne, publiés par M. M. THÉVENIN.

GRÉGOIRE DE TOURS, *Histoire des Francs*, texte du manuscrit de Corbie, publié par M. H. OMONT, attaché au cabinet des manuscrits de la Bibliotèque nationale.

EN PRÉPARATION :

Textes relatifs à l'histoire ecclésiastique depuis les origines jusqu'au XIe siècle, publiés pas M. C. BAYET, professeur à la Faculté des lettres de Lyon.

Annales de Flodoard, publiées par M. COUDERC, ancien élève de l'Ecole des Chartes et de l'Ecole des Hautes-Etudes.

AIMÉ DU MONT-CASSIN, *Histoire de li Normant*, publiée par M. l'abbé DELARC.

Textes relatifs aux institutions publiques et privées à l'époque des Capétiens directs, publiés par M. A. LUCHAIRE.

SUGER. *Vie de Louis VI*, publiée par M. A. MOLINIER, conservateur à la Bibliothèque Sainte-Geneviève.

GUIBERT DE NOGENT. *Histoire de sa vie*, publiée par M. LEFRANC, ancien élève de l'Ecole des Chartes et de l'Ecole des Hautes-Etudes.

Textes relatifs à l'histoire du Parlement depuis les origines jusqu'au XIVe siècle, publiés par M. CH.-V. LANGLOIS, maître de conférences à la Faculté des lettres de Douai.

Textes relatifs à l'histoire du Parlement aux XIVe et XVe siècles, publiés par M. F. AUBERT, bibliothécaire à la Bibliothèque Sainte-Geneviève.

Textes relatifs à l'histoire des Etats généraux au XIVe et au XVe siècles, publiés par M. A. COVILLE, maître de conférences à la Faculté des lettres de Caen.

Textes relatifs à l'histoire des Etats provinciaux de la France, publiés par M. L. CADIER, ancien élève de l'Ecole des Chartes et de l'Ecole des Hautes-Etudes.

Textes relatifs aux rapports de la royauté avec les villes en France depuis le XIVe jusqu'au XVIIIe siècle, publiés par M. A. GIRY.

Textes relatifs à l'histoire des institutions de la France depuis 1515 jusqu'en 1789, publiés par M. J. ROY, professeur à l'Ecole des Chartes.

Les grands traités du règne de Louis XIV, publiés par M. VAST, professeur au lycée Condorcet.

Textes relatifs aux rapports du clergé avec la royauté de 1682 à 1789, publiés par M. MENTION, professeur au Lycée Henri IV.

www.ingramcontent.com/pod-product-compliance
Lightning Source LLC
Chambersburg PA
CBHW050007100426

42739CB00011B/2535